novum pro

AF146604

Christine Kindseder

Angst und Panik
NEIN
nicht mit mir!

novum pro

www.novumverlag.com

Bibliografische Information
der Deutschen Nationalbibliothek:

Die Deutsche Nationalbibliothek
verzeichnet diese Publikation in
der Deutschen Nationalbibliografie.
Detaillierte bibliografische Daten
sind im Internet über
http://www.d-nb.de abrufbar.

Alle Rechte der Verbreitung,
auch durch Film, Funk und Fernsehen,
fotomechanische Wiedergabe,
Tonträger, elektronische Datenträger
und auszugsweisen Nachdruck,
sind vorbehalten.

© 2020 novum Verlag

ISBN 978-3-99064-847-6
Lektorat: Mag. Eva Reisinger
Umschlagfotos: Maria Averburg,
Naokikim, Suns27 | Dreamstime.com
Umschlaggestaltung, Layout & Satz:
novum Verlag

Gedruckt in der Europäischen Union
auf umweltfreundlichem, chlor- und
säurefrei gebleichtem Papier.

www.novumverlag.com

Vorwort und Danksagung

Die Idee zu diesem Buch ist ein Resultat dessen, was mir widerfahren ist, und infolgedessen der Unterstützung lieber Menschen, die etwas Ähnliches wie ich durchlebt haben. Mit dem vorliegenden Buch möchte ich eine Hilfestellung geben und zeigen, dass Menschen trotz einer vorliegenden Angsterkrankung wieder ins Leben zurückfinden können. Mit diesem Leitfaden, der auch als Arbeitsbuch verwendet werden kann, möchte ich den Prozess unterstützen, sich seinen Ängsten zu stellen und sich selbst besser verstehen zu lernen.

Das Buch basiert auf Übungen, sogenannten Helferlein, die ich selbst oder Mitleidende erfolgreich angewandt haben.

Ich möchte allen von Herzen danken, die mich auf meinem Weg zu einer besseren Gesundheit – sowohl psychisch als auch physisch – begleitet haben.

Ein großes Dankeschön geht an meine Therapeutin, die mich 4–5 Jahre lang begleitet hat. Sie war immer für mich da, auch via Whatsapp oder Telefon durfte ich Kontakt zu ihr aufnehmen, vor allem wenn es akute Fälle gab wie diese, die ich in meiner hier veröffentlichten Angstgeschichte beschreibe. Sie hat mich nicht nur als eine „Sache" betrachtet – bei manchen Erstgesprächen bei anderen Therapeuten hatte ich diesen Eindruck – nicht nur auf geistlicher/psychischer Ebene. Sie arbeitet mit einem ganzheitlichen Therapieansatz, der die Ebene des Körpers, des Geistes und der Seele umfasst und u. a. Akupunktur, Moxa, Mentales Training, Kräuterpräparate, Düfte und Auraspray beinhaltet.

Sie war trotz ihrer Berufsbezeichnung NICHT meine Therapeutin, sondern vielmehr eine Gesprächsfreundin, eine Begleiterin durch meine schwere Zeit, mein Halt, mein Anker. Sie sind wahrhaftig ein Engel auf Erden!

Die Fallbeispiele in diesem Buch schildern reale Lebensgeschichten von Mitleidenden, die ich natürlich vorab um deren Zustimmung bat, dass ich ihre Angstgeschichte niederschreiben und in dem hier vorliegenden Buch veröffentlichen darf.

Sowohl Namen von Personen als auch Ortsnamen wurden von mir verändert; der Hintergrund ist und bleibt aber derselbe. So soll die Privatsphäre der hier erwähnten Personen gewahrt bleiben. Ich möchte meinen Gesprächspartnern an dieser Stelle meinen herzlichen Dank dafür bekunden, dass sie mir ihre Geschichte unverstellt erzählt haben. Meinen Gesprächspartner wünsche ich viel Kraft und weiterhin Mut, ihren Weg zu gehen.

Auch wenn es mir oft sehr schwer gefallen ist, mich mit dieser Thematik auseinanderzusetzen, bin ich doch erleichtert darüber, dies in Angriff genommen zu haben. So hatte ich dadurch die Chance, mich selbst und meine Ängste besser kennenzulernen. Mit der Zeit eröffneten sich immer mehr neue Wege. Dabei lernte ich verstärkt auf mein Bauchgefühl zu hören und mit den Engeln, Erzengeln und den Wesen des Lichts zusammenzuarbeiten und meinem Herzen zu folgen.

Mir wurde es ans Herz gelegt, dieses Buch zu schreiben. Im Falle, dass mein Buch auch nur für einen Menschen gewinnbringend ist, wäre dies schon ein voller Erfolg für mich. Ich weiß, wie mühselig es ist, eine komprimierte Hilfestellung zur Verfügung zu haben, die einem dabei hilft, aus der Angstsituation herauszukommen. Ich wäre darüber froh gewesen, wenn ich so eine Lektüre in die Hand bekommen hätte.

Einführung

Grundlagen

In den **Kapiteln 1 bis 2** gehe ich auf die Angst direkt ein. Definition, Funktionen, Symptome.

In **Kapitel 3** erzähle ich kurz über meine Begegnung mit der Angst. Wie sie mich einschüchterte und wie ich trotz des ganzen Leids den Weg aus der Angst gefunden habe.

Kapitel 4: Warum ist richtige Ernährung so wichtig? Welche Vitamine und Mineralstoffe gibt es, um uns bei der Angstbewältigung zu unterstützen?

Angstbewältigungsstrategien „Hilfe zur Selbsthilfe"

Kapitel 5 und 6: Hier findet ihr natürliche Helfer und Übungen, um den Stresspegel zu senken; Mentales Training, Glaubenssätze.

In **Kapitel 7** findet ihr Hilfe gegen die Angst, die auf Phytotherapie, Kräuterkunde und Naturheilkunde basiert; Beruhigung und Stressabbau.

In **Kapitel 8** geht es um den Zusammenhang zwischen Angst und Sport.

Kapitel 9 beschäftigt sich mit Engeln, Energie-Arbeit und kosmischen Gesetzen.

Zu guter Letzt findet ihr in **Kapitel 10** weitere Therapiemöglichkeiten; für mich waren sie zum Teil Begleitung (beim Therapeuten) oder auch letzter Ausweg.

Im Übungsbuch sind die Aufgaben vorgefertigt. Ihr braucht dort nur noch die jeweilige Aufgabe ausfüllen. Weitere Übungen finden sich am Ende des Arbeitsbuchs.

Liste von Glaubenssätzen

Im **Glossar** findet ihr Worterklärungen, die mit einem Asterisk(*) markiert sind.

Quellenangaben habe ich am Ende des Buches aufgelistet und im Buch mit *Q gekennzeichnet.

1 Kapitel

Die Angst verstehen lernen – Was möchte meine Angst mir sagen?

Definition Angst

Angst ist ein grundlegendes Gefühl und entsteht durch eine bedrohliche Situation oder eine vermeintliche Gefahrensituation. Angst ist ein urmenschliches Gefühl. Schon damals in der Steinzeit verspürten die Menschen Angst. Sie verhalf ihnen entweder zum Kampf oder zur Flucht. Man kann sagen, es funktioniert wie ein automatisches Sicherheitswarnsystem oder wie ein Überlebensmechanismus, der wirklich sehr wichtig ist. Denn durch Angst werden unsere Sinne geschärft und unser Körper auf Höchstleistung für Flucht oder Kampf aktiviert.

Dies ist in diesem Ausmaß heutzutage jedoch nicht mehr notwendig.

Arten der Angst

Diagnostiker haben Angst in 4 wesentliche Arten klassifiziert:

Generalisierte Angststörung

Die generalisierte Angststörung (früher auch klinisch unscharf „vegetative Dystonie" und „frei flottierende Angst" genannt) ist durch lang andauernde (mindestens 6 Monate), exzessive Ängste, Sorgen und Anspannungsgefühle (Gefühl drohenden Unheils) gekennzeichnet, die sich in der Regel auf eine Vielzahl von Lebensumständen, Alltagssituationen und gewöhnlichen Problemen beziehen. Betroffene haben keine Kontrolle mehr über die Dauer und Häufigkeit dieser Sorgen und Empfindungen. Dabei tritt ein charakteristisches und anhaltendes Muster von oft kurzzeitig wechselnden kognitiven, motorischen und vegetativen Symptomen auf, wobei ein erhöhtes Erregungsniveau in Körper und Psyche (Hyperarousal) dominiert (z.B. Schlafstörungen, nervöse Anspannungsgefühle, Reizbarkeit). Die generalisierte Angststörung beginnt im Gegensatz zur Panikstörung zumeist später, oft langsam und schleichend. Der Verlauf ist fast immer chronisch, allerdings durchaus Schwankungen unterworfen und verschlechtert sich häufig in Belastungssituationen.

Agoraphobie (Platzangst)

Unter Agoraphobie versteht man die Angst vor oder das Vermeiden von Orten oder Situationen. Den Betroffenen erscheint dabei eine Flucht im Falle des Auftretens panikähnlicher oder potenziell gefährlicher Körperreaktionen schwierig oder sie gehen davon aus, dass in diesen Situationen keine Hilfe verfügbar wäre. Typisch angstauslösend sind z.B. öffentliche Plätze, Menschenmengen, das Anstellen in einer Warteschlange, Reisen in Bus, Zug oder Auto sowie allein außer Haus zu sein. Die Agoraphobie führt, ähnlich wie die Panikstörung, mit der sie häufig gemeinsam auftritt, zu zumeist dauerhaften und ohne Therapie jahrzehntelang andauernden und zunehmenden Einschränkungen in der Lebensführung. Die Vermeidung bestimmter Situationen kann etwa die Möglichkeiten der Betroffenen beeinträchtigen, zur Arbeit zu fahren oder Haushaltspflichten zu übernehmen. Agoraphobien beginnen im Durchschnitt mit etwa 26 Jahren, meist infolge von oder assoziiert mit wiederholten Panikattacken und nehmen unbehandelt häufig einen chronischen Verlauf.

Soziale Phobien

Als soziale Phobie werden klinisch bedeutsame, anhaltende Angst- und Vermeidungsreaktionen bezeichnet, die durch die tatsächliche oder befürchtete Konfrontation mit bestimmten Arten von sozialen oder Leistungssituationen ausgelöst werden. Die Betroffenen erleben bei tatsächlicher oder bevorstehender Konfrontation mit den befürchteten Situationen Angstreaktionen, die sich bis zur Panikattacke entwickeln können. Typische Auslöser-Situationen sind z. B. sich in Gegenwart anderer zu äußern, vor anderen zu sprechen, zu essen, zu schreiben oder an Veranstaltungen, geselligen Zusammenkünften oder Prüfungen teilzunehmen. Die Betroffenen weisen ein deutlich ausgeprägtes Leiden und/oder massive Einschränkungen in ihrer beruflichen und sozialen Leistungsfähigkeit auf und sind nicht in der Lage zu erkennen, dass ihre Angst übertrieben oder unbegründet ist. Somit ist die soziale Phobie von häufig anzutreffender einfacher „Schüchternheit" abzugrenzen. Sie tritt zumeist in generalisierter, also fast alle sozialen Situationen in umfassender Form auf, kann aber auch isoliert vorkommen (Bühnenangst, Prüfungsangst). Das Erstauftrittsalter für soziale Phobie liegt in der Regel im frühen bis späten Jugendalter, ein Störungsbeginn nach dem 25. Lebensjahr ist eher selten. Unbehandelte soziale Phobien dauern häufig lebenslang an. Das Ausmaß der assoziierten Beeinträchtigung ist höchst variabel und kann mit Belastungsfaktoren und Lebensveränderungen schwanken.

Spezifische Phobien

Unter einer spezifischen Phobie versteht man eine dauerhafte, unangemessene und intensive Furcht und die Vermeidung von spezifischen Objekten oder Situationen. Ausgenommen ist die Furcht vor plötzlichen Angstanfällen (Paniksyndrom) und vor sozialen Situationen (Sozialphobie). Die häufigsten Phobien betreffen Tiere (z. B. Spinnen, Schlangen, Hunde, Ratten), Höhen, das Fliegen, zahnärztliche Behandlungen, enge Räume sowie den Anblick von Blut, Verletzungen oder Spritzen. Bei Phobikern sind diese weitverbreiteten Ängste so stark, dass sie die normale Lebensführung beeinträchtigen und ausgeprägte Leidenszustände verursachen. Eine Konfrontation mit den spezifischen Gegenständen und Konstellationen löst fast immer eine sofortige Angst aus. Kommt es zu keiner vollständigen Vermeidung, kann die angstbesetzte Situation – allerdings unter extremer Angst – ertragen werden. Die zentralen Befürchtungen betreffen typischerweise direkt mögliche, vom phobischen Objekt ausgehende Gefahren (z. B. Flugzeugabsturz, Hundebiss). Im Gegensatz dazu befürchten Agoraphobiker v. a. Angstanfälle und ihre Konsequenzen, Sozialphobiker die negative Bewertung (Ablehnung) durch andere. Die Betroffenen leiden häufig unter mehreren spezifischen Phobien. Das Ersterkrankungsalter spezifischer Phobien hängt von der Art der spezifischen Phobie ab, liegt jedoch bei über 80 % der Betroffenen deutlich vor dem 20. Lebensjahr.

*Q gemäß der Studie DEGS1-MH

STÖRUNG (ICD-10-CODE)	FRAUEN IN %	MÄNNER IN %	ANZAHL BETROFFENER IN MIO.
Angststörung (F40, F41)	21,4	9,3	9,8
Panikstörung*	2,8	1,2	1,3
Agoraphobie	5,6	2,3	2,6
Soziale Phobie	3,6	1,9	1,7
Generalisierte Angststörung	3,0	1,5	1,4
Spezifische Phobie**	15,4	5,1	6,6

* Mit und ohne Agoraphobie
** Tierphobien, Phobien vor Naturereignissen, situative Phobien, Blut-/Spritzen-/Verletzungsphobien

> Starten wir mit der Zielsetzung und der **1. Übung. Nimm hierfür bitte Dein Arbeitsbuch zur Hand. Auf den Seiten 2 und 3 findest Du die ersten 2 Übungen.**
>
> **Das Arbeitsbuch steht Dir auf meiner Webseite kostenlos zur Verfügung.**
>
> Diese Übungen sind mir aus der Therapie vertraut. Ich begleite und unterstütze Dich ein Stück weit aus der Ferne, um Dein Angstverhalten und Dein „Angstmuster" zu erkennen und aufzulösen. Lies bitte erst weiter, wenn Du die Übungen gemacht hast.

Kettenreaktion der Angst

Mit dem Gefühl der Angst wird eine Kettenreaktion ausgelöst. Angst soll uns vor eventuellen Gefahren schützen. Lebenskrisen und schwere Krankheiten lösen oft berechtigte Ängste aus, die kurzfristig überhandnehmen und den Betroffenen lähmen, dann aber meist zu Bewältigungshandlungen führen.

Manche Menschen benötigen dazu einen Coach oder therapeutische Mithilfe, finden aber nach überstandener Krise wieder in eine ausgeglichene Gefühlslage zurück.

Wenn Ängste jedoch dauerhaft unsere Psyche belasten, sie durcheinanderbringen, unseren Alltag beherrschen, die eigene Handlungsfähigkeit einschränken und zu Ohnmachtsgefühlen führen (man hat keine Kontrolle mehr über die Situation, die eigene Person, die eigenen Gefühle oder Empfindungen), ist es Zeit, dem auf den Grund zu gehen, um zu klären, warum das jetzt so ist, welche

Bedeutung die Angst hier hat und worauf diese mich hinweisen möchte. Es ist ein buchstäblicher Schrei unserer Seele, dass im Leben – so wie man es gerade führt – zum gegenwärtigen Zeitpunkt etwas nicht harmoniert. Sie können Anzeichen für eine ernsthafte Angststörung oder eine andere psychische Problematik sein. So können Ängste auch ganz normale Lebenslagen erfassen. Sie nehmen uns wahrhaftig unsere Freiheit zu handeln und blockieren uns regelrecht. Die Angst macht uns zwar aufmerksamer, denn es könnte etwas passieren. Im Fall der Angststörung besteht die Angst jedoch auch ohne irgendeinen Grund für eine reale Gefahr.

Die wichtigste und häufigste Ursache für Angstreaktionen scheint in unseren gegenwärtigen Lebensumständen zu liegen, die sich nicht mehr durch Beständigkeit auszeichnen, sondern durch Unkalkulierbarkeit zukünftiger Situationen und Ereignisse gekennzeichnet sind. Interessanterweise bilden sich übertriebene Ängste weniger aufgrund von technischen Errungenschaften wie Nuklearwaffen, Atomkraftwerken, und Ähnlichem aus, sondern meist durch an sich harmlose Begebenheiten – z.B. durch Tiere, Blut, Spritzen usw. – und Situationen – wie z.B. das Benutzen eines Aufzuges, das Aufsuchen eines Kaufhauses, Auto fahren usw. Dies macht deutlich, dass natürliche Ängste existieren, die in unserem Gehirn bzw. in unserer DNA festgelegt sind und uns oft unterbewusst beeinflussen.

Merkmale einer übertriebenen Angst

Die Angstbereitschaft bei einem betroffenen Menschen ist höher. Im Gehirn sind möglicherweise Alarm- und Bedrohungsstrukturen verändert. Warnsignale der „Angst" klingen nicht ab wie bei „gesunden Menschen", die Angst nimmt eher diametral zu und geht z.B. in eine Panikattacke über.

Woher die Angst allerdings genau kommt, ist bis heute nicht abschließend geklärt. Mit Sicherheit tragen viele verschiedene Faktoren dazu bei, wie z. B. familiäre, soziale und psychische Konstellationen, familienmitgliederübergreifende Faktoren wie der Vererbungsfaktor, Traumata (belastende Lebensereignisse), Stress durch Überforderung, Lebenskrisen, Konflikte oder auch Frustration können mögliche Ursachen dafür sein. Durch entsprechende Verhaltensweisen im Elternhaus und das soziale Umfeld kann Angst auch von klein auf anerzogen bzw. erlernt und damit verinnerlicht werden.

Meine persönliche Angst-Metapher:

Ich stelle mir die Angst wie eine Zwiebel vor: Sie baut sich Schicht für Schicht auf und wird so immer größer. Infolgedessen kann sie auch wieder Schicht für Schicht abgebaut werden.

2 Kapitel

Symptome, Beschwerden

2.1 Symptome und Faktoren, die zur Angst beitragen

Wenn sich unsere Angst ausbildet, treten immer die gleichen Grundsymptome auf, egal ob es sich dabei um eine „übertriebene" oder um eine „normale" Angst handelt. Diese müssen nicht alle zur gleichen Zeit auftreten, dennoch sind es meistens 4 Hauptgruppen von Symptomen, die ich nun auflisten möchte. Nicht erschrecken, nicht jedes Symptom trifft auf jeden Phobiker zu.

Körperliche Symptome

Erhöhte Aufmerksamkeit, Muskelanspannung, Mundtrockenheit, Schmerzen in der Brust, Herzfrequenz und Blutdruck steigen, Atem wird schneller, größere Pupillen, Seh- und Hörnerv sind empfindlicher, flachere Atmung, Kribbeln der Haut oder in den Fingern, Energiebereitstellung in den Muskeln, Angststarre, Frieren und Herzrasen.

Gefühle, Empfindungen, Psyche

Schwitzen, Hitzewallung/Kälteschauer, Zittern, Schwindelgefühl, Drang, auf die Toilette zu müssen, Übelkeit, Atemnot und Kurzatmigkeit, Enge in der Brust, Stein im Magen, Unsicherheit, Schwäche, Benommenheit, das Gefühl eines Ohnmachtsanfalls, das Gefühl, nur eine halbe Person zu sein, Kontrollverlust, das Gefühl, verrückt zu werden, auszuflippen, die Angst, sterben zu müssen.

Gedanken, innerliche Bilder, geistige Symptome

Gedanken:
Wenn ich jetzt vor die Tür gehe, passiert etwas Schlimmes.
Ich schäme mich für die Symptome, so darf mich keiner sehen.
Wegen meiner Angst blamiere ich mich. Es ist mir peinlich.

Bilder:
Vermeidung von Orten, Personen oder Situationen, es erscheinen vor dem geistigen/inneren Auge Bilder, die aber nicht mit der Realität übereinstimmen.

Verhalten:
Flucht- bzw. Kampfreaktion, panikartiges Verhalten, Vermeidungsverhalten, Übervorsichtigkeit, man hat immer seine „Nothelfer" dabei, Flucht in Alkohol, Drogen oder andere Süchte.

Mental:
negative Blockaden, Pakete unserer Ahnen/Vererbung/DNA, Energie-Blockaden, die Angst zeigt uns Illusionen des Mangels, die als Glaubenssätze bzw. Annahmen in uns abgespeichert sind, und entfernt uns von unserem wahren Selbst.

Irrige Sichtweisen:
Ungeduld	Angst vor Versäumnis
Hochmut	Angst vor Verletzungen
Starrsinn	Angst vor Unberechenbarkeit
Gier	Angst vor Mangel
Selbstsabotage	Angst vor Lebendigkeit
Selbstverleugnung	Angst vor Unzulänglichkeit

Man ist einfach nicht mehr man selbst; so kommt es uns vor, wie ferngesteuert zu sein, und wir überlassen der Angst das Zepter, sodass diese die Macht über unser eigenes Leben hat und nicht mehr wir selbst. Eine wichtige Rolle bei der Angststörung spielen diese Reaktionsebenen, da sie der Entstehung und Aufrechterhaltung dienen. Trotz alledem ist Angst eine Illusion, die uns im Moment der Angst selbst nicht bewusst ist.

> **Übung 2:**
>
> Schreibe alle *Deine* Symptome auf, die Dir spontan einfallen. Bitte nimm dafür Dein Arbeitsbuch zur Hand. So kannst Du im Verlauf immer mehr Muster erkennen, die scheinbare „Masche Deiner Angst".

2.2 Negative Energien/Naturgesetze

Manchmal, wenn wir gestresst sind (auch durch Angst) oder uns über jemanden aufregen, achten wir in diesem Moment nicht auf unsere Gedanken, Worte und Handlungen und senden eventuell unbewusst negative Energie an unser Gegenüber (eine Person oder eine Situation) aus. Im ersten Moment mag es sich gut anfühlen, jedoch öffnet es uns ebenso für niedrigere/negative Energien. Gleiches zieht Gleiches an (Gesetz der Spiegelung/Resonanz; darauf wird in diesem Buch noch näher eingegangen).

Wenn Du durch negative Gefühle oder Gedanken jemanden beschimpfst (verdient oder unverdient) und Dich nicht bewusst von einem derartigen Denken, Fühlen oder von dunklen Wünschen ablenkst, wird sich der Bumerang-Effekt in Deinem Leben zeigen. So auch bei der Angst: Je mehr wir uns den negativen Bildern und Gedanken hingeben, umso mehr kommen sie in unser Leben.

Vielleicht nicht gleich am nächsten Tag, aber recht wahrscheinlich bald. In meinem eigenen Umfeld musste vor kurzem jemand diese bittere Erfahrung machen!

Das Beste, was Du tun kannst, ist, Dein „höheres Selbst" bzw. Deine Seele zu fragen; Dir in diesen Zeiten nachdrücklich bewusst zu machen, Dich selbst von diesen Gedanken und Gefühlen zu lösen. Oder Dir selbst einzugestehen, dass solche Gedanken an bzw. für diese Person Dir nur Energie rauben und es gar nicht wert sind, sie zu denken.

Nur: WARUM tun wir uns das selbst an? Das hat nichts mehr mit Selbstliebe zu tun, da wir uns selbst mehr schaden als dem, für den die Gedanken eigentlich gedacht sind.

<u>Was wir nach außen ausstrahlen, werden wir zurückerhalten!</u>

Stress (Angst) ist ein Teil des täglichen Lebens; wenn er jedoch anhaltend ist und Du nichts unternimmst um dies zu ändern, beispielsweise mit Entspannung, Bewegung, Tanz, Kunst, Gedankenpflege, einer lustigen Aktivität oder sinnerfüllenden Beziehungen bzw. Gesprächen, wirst Du anfälliger für sich anhaftende niedrigere/negative Energien, die wiederum in Dir eine Disharmonie auslösen. Sorge für Dich mittels Ruhe, Entspannung, Sport und einer gesunden Ernährung, damit Du nicht zur Zielscheibe Deiner eigenen Gedanken wirst.

Auch Lachen sollte eine Priorität in unserem Leben haben, wenigstens 15 Minuten am Tag, um uns selbst zu stärken, zu erfrischen und aufzutanken.

2.3 *Verwurzelung in der DNA aufgrund von Vererbung*

Unsere Ahnenreihe in der DNA umfasst laut einer <u>Studie</u> etwas mehr als 14 Generationen. Das bedeutet, dass wir, bei 2 Elternteilen, jedes Mal ein Paket an Erfahrungen, Ängsten, Lebenskrisen usw. von 28 Ahnen mitbekommen haben.

„Wir wissen nicht genau, warum das passiert, aber es könnte eine Form der biologischen Zukunftsplanung sein." *Q

Dennoch glaube ich, dass da noch einiges mehr dahinter steckt. Ich bin gespannt, was die Forschung und auch die spirituelle Lehre noch so alles entdecken werden.

2.3.1 Was hat all das mit der Angst zu tun?

Ängste können auch von Generation zu Generation vererbt werden. Auch diese Art unserer Ängste sollten wir einmal genauer betrachten. (Sie spiegeln sich in unseren Alltagssituationen wider.)

Das Wissen um die eigenen Ahnen kann die Persönlichkeit stärken und in Krisen eine wichtige Ressource sein. Viele spirituelle Lebensberater haben heute die Kraft und die Weisheit der Ahnen neu entdeckt, um „im Rückspiegel der Ahnen die Fahrbahn vor sich (die eigene Zukunft, den Lebensweg)" besser zu erkennen. Im Grunde handelt es sich beim Umgang mit den Ahnen um uraltes Wissen, das in unserem Gedächtnis gespeichert ist, in jenem alten und unergründlichen Anteil, der von Carl Gustav Jung als das „kollektive Unterbewusstsein" bezeichnet wurde. Jedoch ist nicht nur positives Wissen gespeichert, sondern eben auch Ängste, Traumata, Krisen ... (Das ist wieder mal so eine Angst, von der man nicht weiß, woher sie stammt.)

Was dort seit vielen Jahrhunderten abgespeichert ist, entspringt unseren Träumen, Visionen, Fantasien, unbewussten Motiven, Vorstellungen, Talenten […] und es kann eine Kraftquelle sein, die man in Krisen erschließen kann. Hier haben wir die Chance, aus den Erfahrungen unserer Ahnen zu lernen und somit eher davon zu profitieren, statt uns von den alten Ängsten zum Negativen beeinflussen zu lassen. Das Bewusst werden, nicht allein zu sein, sondern kosmisch eingebunden in einer langen Reihe von Menschen, vor und nach uns wie auch im Kollektiv, stärkt unser eigenes persönliches Selbstbewusstsein (was bei einer Angsttherapie sehr wichtig ist) und wir tragen auch die Verantwortung für kommende Generationen.

Nicht zu unterschätzen sind auch die Naturgesetze – durch diese können wir erkennen, wo unsere Probleme liegen. Dieses Wissen machen sich auch einige mediale Berater und Coachs zu eigen, um anderen Leidenden noch besser helfen zu können.

Hellsichtige, medial arbeitende Coachs bzw. Berater oder auch Lichtarbeiter ermöglichen es, solche Ahnen-Auflösungen zu machen. Auch eine Karma-Legung käme hier infrage. Ich finde in dieser Angelegenheit bei meinem Heilpraktiker Rat, denn er verfügt über eine zusätzliche Ausbildung, die nicht in der Heilpraktiker-Ausbildung vorgesehen ist. Wenn Du Dich auf die Suche nach jemandem machst, lass Dein Bauchgefühl entscheiden; dieses sagt Dir, ob Du jemanden brauchst und wen genau.

2.4 Der Teufelskreis der Angst

Um besser verstehen zu können, was in einem vorgeht, wenn man Angst bekommt, erläutere ich den Teufelskreis der Angst.

Auslöser, Wahrnehmung, Gedanke, Angst, körperliche Symptome ...

Das Herz schlägt schneller als sonst (= *Auslöser 1*).
Du findest keine Erklärung dafür: Du wirst ängstlich und stellst Dir vor, Du wärest herzkrank (= *Wahrnehmung 1*).
Daraufhin denkst Du: *Hoffentlich sind das nicht Anzeichen für einen Herzinfarkt, das ist gefährlich, ich könnte sterben!* (= *Gedanke 1*).
Diese Vorstellung erzeugt bei Dir Angst (= *Angst 1*).

Durch diese Angst werden weitere körperliche Veränderungen hervorgerufen. Nun fängst Du auch noch an zu schwitzen. Du bekommst einen Schwindelanfall und Schüttelfrost *(= körperliche Symptome 1)*.
Nun hast Du das Gefühl, dass Dein Herz noch schneller schlägt *(= Auslöser 2)*.
Zusätzlich bemerkst Du Schmerzen in der Brust, die sich in den linken Arm ziehen *(= Wahrnehmung 2)*.
Nun bekommst Du Todesangst und befürchtest, das Bewusstsein zu verlieren (= *Gedanke 2)*.
Das erzeugt bei Dir noch mehr Angst (= *Angst 2)*.
Daraufhin finden wiederum weitere körperliche Veränderungen statt *(= körperliche Symptome 2)*.
Und so weiter und so fort ...

So schaukelt sich die Angst immer weiter nach oben, bis Dich eine Panikattacke überkommt.

Es gibt für jeden einen Weg aus der Angst. Menschen sind bekanntlich sehr unterschiedlich veranlagt und daher muss jeder seinen eigenen Weg finden.

Übung 3:

Versuche Deinen Teufelskreis beim Namen zu nennen. Nimm hierzu wieder Dein Arbeitsbuch zur Hand und notiere es.

3 Kapitel

Erst war das Leid, dann ging es ins Glück über

Natürlich gab es schon in meiner Kindheit Auslöser und Angstmomente: Schule, Ausbildung, Exfreund, tragische Vorfälle mit nahen Verwandten, traumatische Situationen etc. Das Erste, was ich in diesem Zusammenhang erfahren durfte, ist, je mehr ich mich gegen die Angst wehrte, sie „loszuwerden" versuchte, umso schlimmer wurde es. Eindeutig war dies der falsche Weg. Aber sehen wir selbst.

Der Kern meiner Angstauslöser entstand durch Lebenskrisen, Verlust, Trennung, Familienstreitigkeiten, Trennung meiner Eltern, als ich 8 Jahre alt war, Mobbing in der Schul- und Ausbildungszeit, Ungerechtigkeiten, Lügereien, nicht mehr arbeiten zu können, von einer Klinik „gesund" entlassen zu werden, obwohl es nicht so war (ich war denen nur nicht krank genug). Diese Liste ist fast endlos.

Ich fange mit meiner Geschichte da an, als die Angst die Oberhand erlangte.

2010 verstarb mein Opa. 2011 Unzufriedenheit in der Beziehung und Überarbeitung in meinem Job als Filialleiterin eines Getränkemarktes. Immer häufiger wurde es mir in der Arbeit zu viel. Dann kam auch noch eine 2. Filiale hinzu und ich wurde zusätzlich für diese Springer.

<u>Da fing es an mit dem fast dauerhaften Schwindel. Ich empfand immer wieder Erschöpfung.</u>

So konnte es nicht weitergehen. Wir entschlossen uns, eine Café-Bar im Allgäu aufzumachen – weg von München, weg von dem Trubel und dem Stress. Aber erst mal wollten wir Urlaub machen und dann mit der Planung beginnen.

Die Wende meines Glücks ließ auch nicht allzu lange auf sich warten (Burn-out, Nervenzusammenbruch, Angststörung, Agoraphobie ... *(Krankheiten betiteln können die Ärzte echt gut.)*

Dann kam unser Neuanfang im Allgäu. Tag der offenen Tür (Schwächeattacken, ab ins Krankenhaus). Wir fanden zügig schöne Räumlichkeiten, die Wohnung war auch im selben Haus, perfekt! *Besser kann es doch nicht laufen!*, dachte ich zu diesem Zeitpunkt.

Wir waren beim Einräumen des Ladens, hatten sogar noch drei kräftige Helfer und kamen gut voran. Auf einmal wollte mein damaliger Verlobter mit mir reden. Ich wusste nicht warum und bat ihn, doch noch etwas zu warten, weil wir gerade so gut vorankamen. Griesgrämig ging er in unsere gemeinsame Wohnung, packte seine sieben Sachen und verschwand auf Nimmerwiedersehen nach München (absolute Krise). Und das eine Stunde (!), bevor wir den Pachtvertrag unterschreiben wollten.

<u>Ab diesem Zeitpunkt fing es so richtig an mit meiner Angst vor Männern (durch vorhergehende Ereignisse war diese Angst bereits da). Es traten Glaubenssätze auf wie:</u>

- Ich bin nicht gut genug.
- Ich bin es nicht wert.
- Mich kann man nicht lieben.

Trotz alledem musste es ja weitergehen. Wir standen immer im Laden und haben die Sachen eingeräumt, dekoriert und was eben alles dazugehört. Aus dem Stehgreif meinte meine Mum, dass sie mit mir den Laden zusammen machen würde, und so war es dann auch. Wir waren ein gutes Team. Ich erholte mich <u>einigermaßen</u> von dem Ganzen, doch ganz verdaut hatte ich das sehr lange nicht, nur verdrängt. Dann, 2 Tage vor der Eröffnung, kam so ein Brandbeauftragter der Gemeinde zur Abnahme: „Sie dürfen nicht eröffnen, der Schall- und Brandschutz wurde nicht eingehalten!"

<u>Ich bekam Anzeichen einer Grippe, dies waren aber Angst- und Paniksymptome, wie mir im Nachhinein bewusst wurde.</u>

Ok, wir konnten den Brandbeauftragten beruhigen und er setzte sich mit meinem Verpächter in Verbindung. Erst einmal war die Eröffnung gerettet, wir mussten uns von 3 Räumen auf einen Raum und die Außen-Terrasse beschränken.

Das Café lief immer besser, superguter Start. *Das schaffen wir!*

Aber nein! Mein Verpächter reagierte nicht auf die Schreiben der Gemeinde vom Brandbeauftragten. Auch hier vermieste man mir eine hoffnungsvolle Zuversicht. <u>Hier ging es los mit den Versagensängsten und der Zukunftsangst.</u> *Toll, was nun?* Okay, ab zum Anwalt, es blieb mir nichts anderes übrig.

Allerdings wusste ich natürlich auch da (noch) nicht die ganzen Hintergründe; so erfuhr ich im Nachhinein, dass der Verpächter so ein Spiel schon 2 Mal mit jemandem abgezogen hat, sogar mit seiner eigenen Mutter, wodurch er sich die Miete, Kaution und die übertriebenen Nebenkosten einstecken konnte, zudem noch all die Ware, die da war.

Das Allerschlimmste an dieser Situation war, das Gericht hat ihm Recht gegeben, trotz Beweisen, Zeugen usw.

Könnt ihr Euch das Ausmaß annähernd vorstellen?

<u>Hier fing ich an zu merken, dass wenn ich mal jemanden von meinen Bekannten und angeblichen Freunden brauchte, sie nicht für mich da waren bzw. sind, wenn es hart auf hart kommt.</u>

Meine Minderwertigkeitsgefühle wurden immer stärker. Das Vertrauen in Menschen aus meiner näheren Umgebung wurde zum zweiten Mal gestört bzw. gebrochen.

Jetzt hatte ich wohl echt den Tiefpunkt meines Lebens erreicht; aber nein, es kam noch härter, wie hätte es auch anders sein können?

Hier brach mein Vertrauen in die *Familie* (meine Eltern NICHT mit einbezogen; die Streitereien, das Gericht usw. haben uns eher noch enger zusammengeschweißt.)
Und so kam die generalisierte Angst zutage.

Zurück zum Leben.

Nun, ganze 5–6 Monate (angefangen im April mit Einräumen, Deko, Lieferanten etc., dann von Mai 2012 bis 31. September 2012) betrieben wir das Café, bis ich Schwierigkeiten mit meinem Verpächter bekam (wegen Auflagen von dem Brandbeauftragten der Gemeinde, die der Verpächter nicht einhielt) und deshalb schließen musste.

Diese Anwaltssache ging bis ca. 2015, durch Verdrängung habe ich diese nicht mehr genau im Gedächtnis, habt bitte Nachsicht mit mir.

Gut, das hieß jetzt wieder mal umziehen (insgesamt 26 Mal, Stand 2019). Ich kam vorerst bei einem Freund unter, bis ich eine eigene Wohnung fand.

Neue Wohnung, jobmäßig war erst mal nichts in Aussicht, in der Not fragte ich bei einer Zeitarbeitsfirma an. Tatsächlich hatten sie einen Job für mich, bei dem ich besser verdiente, zuerst als Leiharbeiter. 5 Monate habe ich das durchgehalten und mir ging es immer schlechter. Klar, der Hausarzt verschrieb mir Beruhigungstabletten, doch ich kam nicht zur Ruhe und musste gesundheitsbedingt aufhören.

Zusätzlich verstarb meine Oma 2012 und die Familienstreitereien gingen los. So ein Aasgeierverhalten habe ich in meinem ganzen Leben noch **nie** erlebt, bis heute nicht. Die Streitereien gingen bis heute, 2019, geschlagene sieben Jahre lang.

Jedenfalls das Ende vom Lied waren „Burn-out", „Nervenzusammenbruch" und eine Verstärkung und Vermehrung der bestehenden Ängste.
Der 31. Juli 2013 hat sich in mein Gedächtnis eingebrannt. Aber war ich schon am Ende?
Nein, immer noch nicht, es ging leider noch tiefer. Ich bemühte mich um eine Tagesklinik, die mich zwei Tage später als „gesund" entlassen hat.
Gut, ich versuchte es weiter. Ausflüge an den Bodensee schaffte ich zunächst noch, dann aber auch das immer weniger. Wanderungen in den Bergen und alles, was mir Spaß machte (draußen wie auch drinnen), machten mir immer mehr Angst und ich verlor an ziemlich allem den Spaß.

Hier begannen meine Depressionen. Und keine Hilfe in Sicht.

Nachdem dann auch noch ein Autounfall dazukam, obwohl ich nur Beifahrer war, war es auch mit dem Autofahren vorbei und die Angst (auch die Vielfalt der Ängste) wurde immer größer und größer – vor allen möglichen alltäglichen Aufgaben.

Ich musste doch etwas tun können! Ich fühlte mich allein gelassen, einsam und hilflos. Freunde hatte ich wenige, ich wollte sie nicht stören.
Ich fing an, große Menschenmengen zu meiden, dann Orte, wo viele Menschen beisammen waren; es ging im Laufe der Zeit so weit, dass ich mich komplett zu Hause einsperrte.
Nach ca. 3–4 Jahren in Angst kamen mit der Zeit auch noch Panikattacken dazu (Agoraphobie, die Angst vor der Angst, Sozialphobie).

Im Oktober 2016 packte ich wieder mal meine Sachen und zog weg – mit neu gewonnener Hoffnung, an einem neuen Ort Hilfe zu finden, und mit der Aussicht auf einen Therapieplatz in der zweiten Tagesklinik. Ich wollte auch wieder arbeiten und mein Dad meldete mich in seiner Firma an. Dadurch konnte ich ihm helfen, bis ich in die Tagesklinik gehen konnte. Aber glücklich war ich mit der Arbeit in meiner aktuellen Situation auch nicht. Es war einfach nicht meine Berufung (die ich erst jetzt 2018/19 erkennen konnte).

Ich schaffte mir dann meine Wohnung mit Laden an, glaubte schon, dass ich endlich aus der Spirale draußen wäre, aber selbst hier ging es noch weiter bergab.

Ich fing an, Lebensmittel online zu bestellen, damit ich nicht verhungere.

Egal was ich brauchte, da war das Internet. Selten kam es vor, dass ich es schaffte, mich dazu zu überwinden, meine Wohnung zu verlassen (wegen der Ereignisse meiner neuen Nachbarn), nur zur Therapeutin und zum Arzt ging ich hinaus. Es gab nichts anderes mehr für mich. Die Angst sperrte mich ein.

Meine „superneuen Nachbarn" begünstigten meine Angst auch weiterhin. Wutausbrüche im Flur, Kinder spielten nachts um 23 Uhr noch Fußball in der Wohnung (das Haus war sehr hellhörig, Altbau), Beleidigungen, ja sogar handgreiflich sind sie geworden. Für mich war es mal wieder Terror vom Allerfeinsten.

Anfang 2017 meldete ich mich stationär für eine Klinik an, um dem ganzen Spuk ein Ende zu bereiten, denn trotz zweimaligen Tagesklinikaufenthalts gelang es mir nicht, meine eigenen vier Wände/meine eigene Wohnung zu verlassen. Der Klinikaufenthalt fand dann Ende Juli bis Ende September statt.

Als ich mich entschied auch von dort wegzuziehen (vor meinem Klinikaufenthalt) und die Nachbarn mitbekamen, dass ich ging und deswegen renovierte (nach der stationären Klinik), manipulierten sie noch meine Baustelle, es sei staubig, es sei zu laut usw. Hallo?! Es war eine <u>Baustelle</u>, auf der zu den üblichen Tageszeiten – die Ruhezeiten wurden ordnungsgemäß eingehalten – gearbeitet wurde. Reine Schikane!

Noch so lange warten bis zum stationären Aufenthalt! Das ist leider normal. Ich verzweifelte, fühlte mich total ohnmächtig (ohne Macht gegen diese Situation). Ich war echt am Boden zerstört, kam aus dem Weinen nicht mehr heraus. Stress, ein Ding nach dem anderen, ich kam einfach nicht mehr zur Ruhe. Ich wusste nicht mehr weiter, bis meine Mum meinte: „Wende Dich doch mal nach oben, an die Engel." (Danke Mum! Ich liebe Dich! Das war mein Durchbruch.)

Am Anfang wusste ich noch nicht, wie ich das umsetzen sollte, doch das bekam ich von ihnen liebevoll beigebracht.

Nach dem Aufenthalt ging es mir etwas besser. Ich habe Neues gelernt und neue Kontakte geknüpft. Ich erkannte, dass das Therapieverfahren sehr viel Ähnlichkeit mit der Lebensart eines Spirituellen gemeinsam hat. Das war für mich der Punkt, an dem ich mich für die Spiritualität zu interessieren begann und mich entschied, mich damit – noch mehr als ich es früher tat – beschäftigen zu wollen.

Positives Denken, Meditation, Achtsamkeit, gutes und gesundes Essen. Also erst verankerte Affirmationen, Glaubensmuster, Glaubenssätze und eigenes Verhalten erkennen, dann Teufelskreis, Konfrontation mit der Angst usw. Ihr werdet *nach* diesem Kapitel Schritt für Schritt erfahren, welche Übungen oder Naturheilmittel ich für mich entdeckt habe.

Januar 2018: Die Wohnung war endlich veräußert und im Laden ging der Umbau zur Wohnung weiter. Ich hatte keine Wohnung mehr, wo ich schlafen konnte, und zog zu meiner Mum, bis ich etwas Neues gefunden hatte.

Dort konnte ich alles in Ruhe reflektieren, dazulernen, erkunden, mich über verschiedene Techniken um Glaubenssätze aufzulösen informieren und mich wieder damit vertraut machen. Ich half viel im Garten, dies war mein meditativer Ausgleich.

An meine Schutzengel hatte ich von jeher geglaubt, vor allem war und ist der Erzengel Michael mein großer Held. Das mit den Schutzengeln war und ist FÜR MICH etwas, worauf ich mich zu 100% verlassen kann. Es gibt unzählige Beispiele, in denen ich auf wundersame Weise beschützt wurde, wie der Autounfall. Ich hätte ja auch auf die schiefe Bahn geraten können, wie es leider vielen anderen Menschen mit Angststörungen ergeht, da es ihrer Meinung nach der letzte Ausweg ist.

Nun, ich hatte meinen Strohhalm gefunden; im Grunde genommen war er schon immer greifbar gewesen, solange ich mich zurückerinnern kann, nur hatte ich ihn nie so richtig bewusst wahrgenommen; wahrscheinlich musste es erst zu so vielen Ereignissen, Ängsten, posttraumatischen Belastungsstörungen, Traumata, Phobien, schweren Depressionen, Schlägen, Drohungen, Neid und Missgunst kommen, um dies zu begreifen.

Nur wenn du Deine Zukunft mehr willst als den Schmerz, dann erfährst du Veränderung.
Dr. Joe Dispenza

Ich bewegte mich immer mehr in Richtung Meditation, Energiearbeit, Suggestionen bzw. Affirmationen, Musik, Engelkontakt, Naturheilkunde, Homöopathie.

Das erleichterte die Ängste mit der Zeit sehr. Ich habe gelernt, dass nicht alles nur aus diesem Leben kommt, sondern teilweise kamen sie aus einem vergangenen Leben, das mir meine Ahnen als Pakete mitgaben.

Über die Jahre der Angst war einfach viel zu viel zusammengekommen, sodass ich jetzt alles Stück für Stück aufarbeite. (Den Löwenanteil habe ich bereits geschafft, den Rest packe ich auch noch!)

JETZT kommt meine Zuversicht wieder zurück.

Als ich all das lernen und erfahren durfte, war <u>das mein Weg zum Glück,</u> endlich hatte ich ihn gefunden, mein Herz machte Luftsprünge.

Jetzt fühlte ich auch ein Brennen in mir, ein Feuer – das alles aufzulösen und zu verarbeiten ist zu meinem ersten großen Ziel geworden. Ja, es ist und war ein sehr steiniger Weg, aber es ist machbar, man muss an SICH SELBST glauben. So nach dem Motto: „Ihr lieben Ängste! Jetzt zeig ich euch, dass es so nicht mehr weitergehen kann, dass es einen besseren Weg für uns beide gibt."

Nach der Erkenntnis, dass da draußen ein besseres Leben auf mich wartet, überlegte ich nicht lange und fragte meine Therapeutin nach Techniken etc. Okay, zuerst positives Denken, dann Suggestionen, Affirmationen. Ich war so dankbar für diese Möglichkeit und fing an mir einen Therapieverlauf zu erarbeiten.

Herbst 2018: Als ich etwas Schönes gefunden hatte und im November umzog (hurra, mal wieder!), merkte ich so richtig, dass es mir um Welten besser ging; nach all dem Erlebten komme ich so langsam wieder zur Ruhe. Ich kann endlich wieder durchatmen, obwohl wir in der alten Wohnung immer noch am Renovieren sind. Ich arrangiere alles von hier aus.

Jetzt, Anfang 2019, bin ich wieder mehr ich selbst. Ich gehe seit letztem Jahr mit allem ganz anders um und änderte meine Sichtweisen. So habe ich mich bis heute um ein Minimum von 180 Grad gewandelt.

Darauf bin ich stolz, und das sage ich mir auch immer wieder – darauf, was ich alles bewältigt habe seit ca. 2011. Und ich mache mir bewusst, dass *ich selbst* mir dafür Anerkennung schenke, dass ich dies nicht nur vom Außen abhängig mache, nicht von der Anerkennung anderer. Das war für mich der Durchbruch: Raus aus der Angst! „Hallo, mein neues Leben! Hier bin ich wieder."

<u>Mit meiner Down-Spirale der Angst, die mich über Jahre hinweg immer tiefer hinunterzog,</u> möchte ich Dir ein Beispiel geben, da-

mit Du besser erkennen kannst, was alles zu Deiner Down-Spirale dazugehören kann.

Ebenso möchte ich Dir zeigen, dass es NICHT hoffnungslos ist; es gibt Hoffnung, Chancen und Wege für jeden.

„Der Weg ist das Ziel."
Konfuzius

Man muss es allerdings auch wirklich wollen, aus tiefstem Herzen, und zu Handeln beginnen, das Feuer in sich entzünden, sich aktiv den Ängsten stellen, sie ergründen, Hand in Hand mit ihnen für eine bessere Zukunft arbeiten. Gegen sie zu arbeiten, macht keinen Sinn. Finde die Wurzel Deiner Angst und löse das Problem.

> Am Ende des Arbeitsbuches habe ich für Dich noch Seiten eingefügt, auf denen Du Deine Angstgeschichte niederschreiben kannst. Mir hat es sehr geholfen und ich habe dadurch einen klareren Blick bekommen.

4 Kapitel

Ernährung

Bevor ich Euch die eigentlichen Methoden vorstelle, möchte ich Euch den Zusammenhang von Vitaminen, Mineralstoffen und Aminosäuren näherbringen.

Weil die Angst uns zur Höchstleistung bringt, ist es sehr wichtig, auf seine Ernährung zu achten! Man muss bedenken, dass der Körper einiges leisten muss, um so reagieren zu können wie es bei einer Angststörung bzw. Panikattacke der Fall ist.

Entscheide Dich für nährstoffreiche Lebensmittel; Vitamine und Mineralien sind darüber hinaus zur Versorgung unseres Gehirns wichtig, sodass Angstzustände gar nicht erst entstehen können.

Es gibt zahlreiche Vitamine, Aminosäuren und Mineralstoffe, die dem Ganzen entgegenwirken und somit Entspannung und Lebensfreude fördern, dadurch wiederum haben Angst und der damit einhergehende Stress nicht so viel Nährboden. Denn Stress und Angespanntheit sind die liebsten Speisen der Angst.

Auch unser Lebensstil kann massive Einwirkungen auf uns und unseren Körper haben. Wenig Schlaf, unausgewogene Ernährung, unregelmäßiges Essen und Stress beeinflussen den Hormonhaushalt zusätzlich, denn unser Neurotransmitterspiegel kann dadurch den Grad von Angstzuständen enorm erhöhen.

Meist kommt bei uns Weißbrot auf den Tisch, dazu raffinierter weißer Zucker in den Kaffee oder Tee. Es ist wirklich erstaunlich, wenn wir mal darauf achten, wo überall Zucker drin ist, dann wundert es mich nicht, dass die Fettleibigkeit in Deutschland immer weiter zunimmt. Wir sollten zumindest nach und nach den weißen raffinierten Zucker minimieren und auf Alternativen zurückgreifen.

Im Tee schmecken Kokosblüten-Zucker, Honig oder Stevia echt lecker. Hingegen ist Stevia mit Kaffee ziemlich gewöhnungsbedürftig; mein Geschmack ist es nicht. Aber sei ideenreich und probier es einfach aus!

Dadurch, dass bei Angst der Stresspegel in unserem Körper sehr hoch ist, sollte man auf die richtige Ernährung achten und für eine ausreichende Versorgung des Vitamin- als auch des Mineralstoffhaushaltes sorgen. Ich bemerkte auch, dass mein Säurehaushalt immer öfter aus der Balance geriet. Das könnt ihr beim Hausarzt untersuchen lassen oder es gibt Teststreifen, die man online, in Drogeriemärkten oder in der Apotheke erhält. Für eine Analyse der Mineralstoffe oder Vitamine könnt ihr beim Arzt nach einem großen Blutbild fragen.

Eine kalorien- und fettarme Ernährung ist daher nicht zu empfehlen. Auch ist es nicht ratsam, während dieser Zeit eine Diät zu machen. Versuche es dann lieber mit viel Gemüse und Obst. So wirkt man auch einen Bauch bei Diäten anzusetzen entgegen.

Unser Körper, genauer gesagt unser Gehirn, benötigt für die Produktion von Serotonin, unserem Glückshormon, die Aminosäure *Tryptophan*. Auch das Pflanzeneiweiß *Phenylalanin* stärkt unsere Nerven durch B-Vitamine und Magnesium. Daher sollten wir vermehrt Nahrung aufnehmen, die diese Aminosäure enthält.

Angst, nein danke! Wir schweben eher auf Wolke sieben, wenn ausreichend Serotonin vorhanden ist. Lebensmittel, die unsere *Tryptophan*-Versorgung sicherstellen, sind:

- Sonnenblumenkerne
- Sesam
- Quinoa
- Käse
- Bohnen/Sojabohnen

- Hafer
- Amarant
- Hirse
- Weizenkeime
- Nüsse (vor allem Cashewnüsse, *die liebe ich so!*)
- Pilze
- Parmesan 490 mg
- Emmentaler 460 mg und
- Sojabohnen 450 mg bilden die Top 3.

Kombinierte Lebensmittel *Tryptophan* und *Phenylalanin* findet ihr in Lebensmitteln wie:

- Vollkornbrot
- Vollkornnudeln
- Naturreis
- Getreide
- Nüssen
- Hülsenfrüchten

Vitamine und der Säurehaushalt

Vitamin B12 in Verbindung mit Calcium (für eine bessere Aufnahme von Vitamin B12) sorgt für ein besseres Nervenkostüm und trägt zum Stressabbau bei.

Vitamin D ist bekanntlich das Sonnenvitamin. Es unterstützt die Produktion von Glückshormonen (Serotonin).

Magnesium unterstützt die Entspannung der Muskulatur. Einfachhalber habe ich mir ein basisches Pulver besorgt, das in den Saft oder auch in kalte Speisen eingerührt wird. Es hat einen leichten Eigengeschmack. Es hilft auch, wenn unser Säure-Basen-Haushalt aus dem Gleichgewicht gerät.

Säure-Basen-Haushalt

Ich stellte fest, je verkrampfter meine Muskulatur war, die wegen Dauerstress, Angst und Anspannung (Panik) nicht mehr locker wurde, umso mehr übersäuerte mein Körper. Normalerweise sorgt unser Körper selbst dafür, wieder in Balance zu kommen, nur in Ausnahmesituationen schafft er es oft nicht allein bzw. braucht viel länger, als wir uns Zeit zum „Gesundwerden" nehmen.

Der Begriff Säure-Basen-Haushalt (SB-Haushalt) bedeutet:

Die Zusammenfassung der körperlichen Mechanismen, die der Konstanthaltung (Homöostase) der Protonenkonzentration und damit des pH-Werts dienen.

Ein ausgeglichener SB-Haushalt sorgt dafür, dass der pH-Wert im Blut idealerweise im Bereich zwischen 7,35 und 7,45 liegt und damit leicht basisch ist. Auch unsere Organe, wie z.B. der Darm, sind auf einen bestimmten pH-Wert angewiesen, um reibungslos funktionieren zu können. Deshalb ist unser Organismus stets damit beschäftigt, den SB-Haushalt zu regulieren.

Die richtige Ernährung und der Lebensstil spielen dabei eine wichtige Rolle. Ein nicht ganz leichtes Unterfangen, betrachtet man die Stoffwechsel- und Verdauungsvorgänge, die sekündlich in unserem Körper ablaufen.

Wir absorbieren Säure über die Lungen (Atemluft), die Nieren (Urin) sowie über die Haut (Schweiß).

Nehmen wir nicht genug basische Lebensmittel zu uns, kommen unsere Systeme nicht mit der Ausscheidung hinterher, so muss unser Körper die Säuren anderweitig aus dem Weg schaffen. Dann wird Säure in unserem Bindegewebe, Fettgewebe und an Gelenken und Wänden der Blutgefäße eingelagert. Durch Übersäuerung können indirekt Organschäden oder -schwächen verursacht werden. Umgangssprachlich wird auch häufig der Begriff „chronische latente Azidose" verwendet.

Eine akute Übersäuerung unseres Blutes mit pH-Werten, die nicht im Rahmen sind, kann sogar lebensbedrohlich sein. Das muss in jedem Fall medizinisch behandelt werden. Der normale Wert liegt zwischen 7,36 und 7,44.

Der menschliche Organismus verfügt über ein ausgeklügeltes Puffersystem, aber er ist nicht unerschöpflich. Überwiegen über lange Zeit die sauren Umstände, geraten wir in eine latente Übersäuerung. Diesen Zustand bemerken wir erst einmal nicht. Besteht die Übersäuerung aber über längere Zeit, kann sie die Funktionsweise des Bindegewebes und auch anderer Organe beeinträchtigen. Diskutiert wird zum Beispiel, ob Übersäuerung ein auslösender Faktor für diverse Befindlichkeitsstörungen und Zivilisationskrankheiten wie Migräne, Rheuma oder Osteoporose sein könnte.

Nicht zu vergessen sind kohlensäurehaltige Getränke, Nikotin und Kaffee – diese wirken „säurebildend".

7 Schritte zum Säure-Basen-Gleichgewicht

Doch ein gesunder, ausgeglichener Säure-Basen-Haushalt ist kein Hexenwerk. Hat man erst einmal die Grundprinzipien verstanden und sich diese gemerkt, kann jeder täglich etwas für seinen Säure-Basen-Haushalt tun:

1. Basische Lebensmittel bevorzugen

Ob der Körper auf ein Nahrungsmittel sauer oder basisch reagiert, hat erst einmal nichts mit seinem Geschmack zu tun. So wirkt nämlich sogar extrem säuerlich Schmeckendes, wie Zitronen, Orangen oder Johannisbeeren, im Körper basisch. Während Lebensmittel wie Laugenbrezel, die geschmacklich eher an Seife (Basen) erinnern, säurebildend reagieren.

Zu den basischen Mineralien zählen Calcium, Eisen, Zink und Magnesium. Mineralstoffreiche pflanzliche Produkte wie z. B. Kräuter, Gemüse, Obst und Kartoffeln sind darum besonders stark basenbildend. Um dauerhaft eine Wirkung zu erzielen, sollten 70–80 % der Mahlzeiten aus basischen Lebensmitteln bestehen.

2. Was ist sauer und was ist basisch?

Proteinreiche Nahrungsmittel sorgen für eine vermehrte Säureproduktion. Säurebildner sind demnach vor allem tierische Produkte wie Fleisch, Wurst, Fisch und Käse. Aber auch pflanzliche Eiweißlieferanten gehören auf diese Seite der Liste, so zum Beispiel Getreide und Hülsenfrüchte. Säurebildende Lebensmittel dürfen aber problemlos 20–30 % Deiner Mahlzeiten einnehmen.

Eine Säure-Basen-Tabelle zur schnelleren Übersicht findest Du auf meiner Homepage.

3. Atme!

Die Lunge ist das mengenmäßig bedeutendste Organ für die Säureausscheidung (Kohlensäure-Bikarbonat-System). In Form von Kohlendioxid atmen wir den ganzen Tag über große Mengen an Säuren aus, die im Stoffwechsel ganz natürlich entstehen. Je intensiver wir atmen, desto größer sind auch die Kapazitäten dieses Systems. Darum ist regelmäßige Bewegung, am besten leichtes Ausdauertraining an der frischen Luft, elementar zur Regulierung des Säure-Basen-Haushaltes. Aber auch Atemübungen, welche die Tiefe der Atemzüge intensivieren, sind zu empfehlen. Ist unsere Lunge jedoch krank, können wir die Säure geringer abatmen und das saure Kohlendioxid lagert sich ab.

4. Die Leber pflegen und unterstützen

Auch unsere Leber ist ein wichtiges Organ, um den Säure-Basen-Haushalt im Gleichgewicht zu halten. Sie sorgt z. b. dafür, dass das Blut am richtigen pH-Wert bleibt. Dazu „mischt" sie Säuren und Basen im richtigen Verhältnis und schleust Überschüssiges weiter in die Niere zur Ausscheidung.

Leberbelastend ist natürlich Alkohol, aber auch viele Medikamente wie z. B. Schmerzmittel und Entzündungshemmer müssen durch die Leber abgebaut werden.

Bitterstoffe aus Obst, Gemüse und Kräutern wirken sich positiv auf die Lebergesundheit aus.

Man findet diese z. B. in Artischocken, Grapefruits und vielen Wildkräutern.

5. Weißmehl, Zucker und Alkohol vermeiden

Besonders Weißmehlprodukte wirken säurebildend. Vollkornprodukte liefern immerhin wertvolle Vitamine, viele Spurenelemente sowie reichlich Ballaststoffe. Diese sind gut für unseren Darm. Daher sind Vollkornprodukte trotz der darin enthaltenen Säuren empfehlenswert.

Zucker selbst reagiert im Körper zwar neutral, also weder basisch noch sauer. Doch ein erhöhter Blutzuckerspiegel resultiert in einer geringeren Säureausscheidung, damit trägt der Zuckerverzehr indirekt zur Übersäuerung bei.

So ähnlich verhält es sich auch mit Alkohol. Alkohol wird von der Leber abgebaut und mit viel Flüssigkeit ausgeschieden – das hat Priorität für unseren Organismus, schließlich ist Alkohol ein Gift und soll schnell wieder aus dem Körper ausgeschieden werden. Alkohol blockiert die Säureausscheidung über Leber und Niere, wirkt damit negativ auf den Säure-Basen-Haushalt und fördert die Übersäuerung.

6. Komm ins Schwitzen!

Unser größtes Organ, die Haut, ist unser größter Kontaktpunkt zur Außenwelt. Dieser ist natürlich auch am Säure-Basen-Stoffwechsel beteiligt. Über den Schweiß kann unser Körper überschüssige Säuren loswerden. Auch darum ist Sport bzw. regelmäßige Bewegung sinnvoll. Deshalb ist ein Besuch in der Sauna sinnvoll, auch ein Basenbad oder Fußbad hilft uns, unseren Körper wieder zu entsäuern.

7. Nicht sauer werden: Stress abbauen!

Stress, vor allem dauerhafter, chronischer Stress – was bei Ängsten leider der Fall ist – kann ebenfalls zur Übersäuerung beitragen. Denn die Stresshormone *Cortisol* und *Adrenalin* sorgen dafür, dass der normale Stoffwechsel ins Wanken gerät. Die Verdauung wird gedrosselt, Leber und Nieren arbeiten nur noch eingeschränkt und sogar die Atmung leidet unter dem dauerhaften Stress. Der Grund: Bei chronischer Belastung wird die Atmung zwar schneller, aber auch flacher. Der Stoffaustausch von Kohlendioxid und Sauerstoff wird weniger effektiv und damit auch die Ausscheidung der überschüssigen Säuren.

Der Säurehaushalt lässt sich ganz einfach mit einem pH-Teststreifen messen. (Diese sind in Drogeriemärkten erhältlich oder können über das Internet bestellt werden.)

5 Kapitel

Mentales Training, positives Denken und Visualisierung

5.1 Mentales Training

Was sind eigentlich Glaubenssätze?
Warum beeinträchtigen uns Sprichwörter?

Das Erkennen von Glaubenssätzen ist ein grundlegender Baustein. Es ist wichtig zu erkennen, welche Glaubenssätze uns blockieren und verängstigen. Sie sind der Grundstein, auf dem wir aufbauen sollten. Negative Glaubenssätze sind tief in uns verankert. Sie bestimmen unbewusst über unser Leben, sodass wir oft nicht bemerken, warum es uns schlecht geht. Sie werden uns von klein auf eingeredet, beigebracht und tragen somit zu unserer Identität bei. Je mehr man sich gegen seinen Feind, die Angst, unangenehme Gefühle, Situationen und innerliche Blockaden stellt, umso stärker wird die Angst. Auch übermäßige „Anti-Angstmittel" begünstigt sie.

Negative Glaubenssätze versuchen uns immer mehr in unsere Schranken zu weisen, sprich unserem Feind noch mehr zu verfallen. Nicht selten endet das in einem Teufelskreis mit dem Anschein, dass es keinen Ausweg gäbe.

Doch das stimmt nicht. Negative Glaubenssätze bezwingt man durch ihre eigenen Waffen, wenn man es genau betrachtet. *Warum sind sie da?*
Was wollen sie mir zeigen? Wir sollten versuchen unserem inneren Feind, der Angst, als Freund zu begegnen, denn nach einer Weile werden wir bemerken, dass dieser schon immer unser Freund war.

Es mag momentan für Dich noch nicht den Anschein erwecken, dass sich die Situation irgendwann bessert, deswegen kommen wir jetzt zum Handeln.

Negative Glaubenssätze:
Ich kann das nicht.
Womit habe ich das verdient?
Ich bin nicht liebenswert.

Nur weil Du etwas glaubst, muss es nicht wahr sein.

Positive Glaubenssätze:
Ich werde das schaffen.
Ich glaube an mich.
Ich fühle mich beschützt und geborgen.

Das sind nur ein paar wenige positive und negative Glaubenssätze oder auch Gedankenmuster. Wenn wir diese erkennen, sind wir unserem Ziel schon ein gutes Stück näher gekommen. Jetzt wissen wir auch, womit wir es zu tun haben.

Was wir im Außen sehen, ist die Annahme in uns drinnen.

Das Gesetz der Spiegelung und der Anziehung. *Nach diesen richten sich auch unsere Erfahrungen.*

𝓑𝑒𝑖𝑠𝑝𝑖𝑒𝑙:

Da wird genau der Mitarbeiter gekündigt, der schon immer sagte, dass es ihn als Ersten treffen wird, wenn Stellen abgebaut werden.

Da lernt genau die Frau, die überzeugt davon ist, dass kein Mann es je mit ihr ernst meint, immer nur solche Männer kennen, die sie dann auch wirklich schlecht behandeln.

So zeigen sich Glaubenssätze konkret in unserem Leben. Eigentlich steckt es bereits im Wort. Es handelt sich um *Glaubens*sätze und nicht um Wahrheitssätze. Dennoch stellen Glaubenssätze für die meisten von uns eine Wahrheit dar, mit der wir uns oft schwerer tun als es nötig ist.

In dem Beispiel tritt auch das „Gesetz der Spiegelung"* in Kraft: Der Mitarbeiter denkt (<u>Gedankenmuster</u>), dass es ihn eh als Ersten trifft. So spiegelt es zurück und ihm wird tatsächlich gekündigt.

Es ist möglich, unsere Glaubenssätze zu verändern, wenn sie uns nicht guttun. Je schneller wir diese aufdecken und korrigieren, desto leichter wird es für Dich, Dich von Deinen Glaubenssätzen zu lösen, und der Angst fehlt damit jegliche Grundlage um überhaupt bestehen zu können.

Zum oben angeführten Beispiel (Mitarbeiter): Positive Gedankenmuster, positives Denken:
Ich mache meine Arbeit hier gut.
Der Chef ist damit wirklich zufrieden.
Ich schaffe meine Abgabefristen.

So spiegelt es dieses Gedankenmuster zurück und er bleibt in der Firma; es wird jemand anderem gekündigt.

Übung 4

Schreibe alle negativen Glaubenssätze, die Dir bisher begegnet sind, in das Arbeitsbuch. Bitte mache dies jetzt auch mit den positiven Glaubenssätzen.

Verwende dazu bitte das Arbeitsbuch.

Schreibe Deine schönsten positiven Glaubenssätze auf einen Zettel oder auf kleine Post-its und klebe sie Dir z. B. an den Badezimmerspiegel, sodass Du Dir jeden Morgen daraus ein Ritual machen kannst. Lies sie laut und deutlich voller Inbrunst vor dem Spiegel und schaue Dir in die Augen. Am Anfang fühlt es sich vielleicht ein bisschen komisch an, aber mit der Zeit nimmt das Unterbewusstsein die neuen Glaubenssätze auf.

Auch Sprichwörter können unser Leben beeinflussen, wie „Lieber den Spatz in der Hand als die Taube auf dem Dach" oder „Wer hoch hinaus will, kann tief fallen".
„Ein Indianer kennt keinen Schmerz."
Hören sich diese Sprichwörter für Dich positiv an? Was bewirken sie in Dir? Ist es stimmig?
Genauso wie Glaubenssätze können Sprichwörter unser Leben zum Negativen beeinflussen. Hinterfrage sie! Sei neugierig! Was drückt das Sprichwort für Dich aus?

Achte auch mal ganz bewusst auf Sprichwörter, die Dir im Alltag begegnen und ob Du diese nicht eher verändern möchtest.

Hinterfragen heißt nicht gleich aufgeben, sondern mit Mut und Selbstbewusstsein das eigene Leben zu durchleuchten.

Suggestionen und Affirmationen

Suggestionen sind eine „manipulative Beeinflussung einer Vorstellung oder Empfindung". Wendet man diese Manipulation auf sich selbst an, nennt man dies eine Autosuggestion. Eine Affirmation kann man hingegen mit „Bejahung" oder „Bestätigung" übersetzen.

Wende Entspannungstechniken wie Meditation, Hypnose, Fantasiereisen oder mentales Training an. Diese können unser Unterbewusstsein positiv beeinflussen. Jedoch: sind die Suggestionen negativ formuliert, können sie auch negativ auf uns wirken. Sie sind nicht da, um negative Gefühle zu verdrängen, die sich dann auf einem anderen Weg bemerkbar machen, sondern um negative Glaubenssätze zu erkennen und das damit verbundene Erlebnis zu verarbeiten. Dann werden sie in positive Gefühle und Glaubenssätze umgewandelt.

Beispiel: Eine Heizung hat ein Leck – was machst Du?

Stellst Du einfach nur einen Eimer darunter? – So ist das Problem nicht gelöst, es wurde nur gemindert um den Schaden gering zu halten. Es könnte sein, dass der Druck usw. nicht stimmt, dann wird auch woanders ein weiteres Problem auftauchen.

Oder lässt Du das lecke Heizungsrohr reparieren und gehst somit das Problem an der Wurzel an? Klar, die einfachere Lösung ist der Eimer, aber die effektivere und sinnvollere ist, einen Installateur zu rufen und es vom Fachmann reparieren zu lassen.

Angemessener ist daher die Kombination: den Eimer darunter stellen bis der Installateur kommt.

So machen wir es oftmals mit Suggestionen oder Affirmationen. Wir versuchen damit unseren Schmerz und unser Leid zu mindern, indem wir anfangen zu verdrängen, runterzuschlucken, uns Suggestionen anzuhören und Affirmationsvideos anzuschauen (Eimer).

Schau Dir Deine Situation genau an. Was stimmt hier nicht? Ich komme gleich noch zu ein paar Fallbeispielen. Hinterfrage die Situation und finde heraus, wo der eigentliche Fehler liegt. Packe das Problem an der Wurzel und hole den „Installateur". Jeder darf sich Hilfe suchen, wenn er sie benötigt; so kann eine Situation auch von außen betrachtet und analysiert werden. Den Fehler zu finden ist wichtig.

Fallbeispiele

1. Beispiel:

Viktoria geriet in einen großen Streit mit ihrem Mann Tom; Teller flogen, es wurde geschrien und Tom erhab die Hand gegen Sie. Man warf sich Sachen an den Kopf, die einem hinterher leid taten. Es war so schlimm, dass Viktoria Angst vor Tom bekam. Sie empfand einen starken Schmerz (aufgrund der Beleidigungen) und Wut. Sie zog sich nach dem Streit zurück und weinte bitterlich und bekam tiefe ...

Gefühle:

... Schuldgefühle und Gewissensbisse. Sie fühlte sich in der Opferrolle, empfand Scham, Angst und stand unter Schock, hatte das Gefühl, wie gelähmt zu sein.

Glaubenssätze:

Was ist, wenn er mir noch einmal etwas antut?
Ich bin nicht gut genug für ihn.
Ich werde immer allein bleiben, ich lerne eh nur die falschen Männer kennen.
Ich bin schuld an allem, was passiert ist.
Ich fühle mich so dreckig.
Womit habe ich das nur verdient? Ich war doch immer gut zu anderen!
Warum immer ich?
...

Siehst Du, was in Viktoria vorgeht? Tausend Gedanken, ob bewusst oder unbewusst. Damit Viktoria das erkennt, sollte sie sich natürlich erst einmal beruhigen und sehen, WAS in dieser Situation die Wurzel ist.

Also erst mal den „Eimer" darunter stellen um sich zu beruhigen. Tief durchatmen, runterkommen und dann versuchen, sich aus der Perspektive eines Dritten oder aus der Vogelperspektive (= Sicht von außen) ein Bild über die Lage zu verschaffen.

Im ersten Moment scheint es Viktoria, dass sie die Schuld selbst trägt (siehe dazu die oben genannten Glaubenssätze), dass sie Tom verärgert hat, sie einen Fehler gemacht oder verursacht hat, sodass ihr Mann so sauer war. Aber nein, das ist nicht wirklich die Wurzel! Zumindest nicht in diesem Beispiel. Sie sucht den Fehler nur bei sich. Tatsächlich liegt die Wurzel ganz woanders, d. h. mögliche Verursacher sind …

Mögliche Ursachen:

1. Der Mann ist von Natur aus so, es entspricht seiner Persönlichkeit, seinem Karma, es steht evtl. auf seinem Lebensplan.
2. Er hatte auf der Arbeit Stress, Ärger mit Kollegen oder mit seinem Chef; Angst ist für ihn selbst ein Thema und er reagiert darauf mit Wutausbrüchen als Ventil für seinen Frust, seinen Ärger und seinen Groll.
3. Er ist arbeitslos, findet keinen Job, hat keine richtige Ausbildung; er hat Ärger mit Familienmitgliedern; er erlebt dies als einschneidende Lebenserfahrung; er hat eine Krise; er hatte einen Unfall und kann deswegen nicht mehr arbeiten.

Spirituell/geistig gesehen:

Welche Lektion kann ich daraus lernen?
- Pakete der Ahnen (Glaubenssätze, Annahmen), also vererbt
- eigene Glaubenssätze annehmen (zum Beispiel aus der Kindheit, wie Schule, Eltern, Autoritätspersonen)
- wiederkehrende Erlebnisse aus vergangenen Leben (wurden nicht verarbeitet, Lektion wurde nicht gelernt, somit kommt es dieses Leben wieder)

- eigenes Karma
- Lektionen als Paar (durch Dick und Dünn gehen, an einem Strang ziehen)

Jetzt kommt es natürlich darauf an, aus welchen Beweggründen der Mann sich zu dieser Tat hat hinreißen lassen. Kam es zum ersten Mal vor oder bereits öfter? Ist sein Persönlichkeitskarma eher positiv oder war es tatsächlich nur ein Ausrutscher? Diese Fragen musst Du Dir stellen. Bitte antworte ehrlich darauf und betrüge Dich nicht selbst.

Mögliche Lösungen:

Wenn der Mann wirklich so negativ ist (Karma, Persönlichkeit, rachsüchtig), wäre eine Lösung, ihn zu verlassen, damit es Viktoria schneller wieder besser geht. Oder zeigt er wahrhaftig tiefe Reue? Ist er eigentlich so gar nicht der Typ Mann, der so etwas macht? Du kennst ihn auch anders und kannst Dir im ersten Moment nicht erklären, warum es so gekommen ist.

Therapie:

Soll nur der Mann eine Therapie machen oder soll eine Paartherapie gemacht werden? Auf jeden Fall muss darüber kommuniziert und geschaut werden, ob es im Berufsleben Probleme gibt, die dazu führen, dass der Mann bzw. die Frau in der Beziehung nicht mehr glücklich ist. Welche möglichen Gründe gibt es innerhalb der Partnerschaft, die diese Auseinandersetzung verursacht haben, oder liegt es möglicherweise an anderen Einflüssen außerhalb der Partnerschaft? Sprich mit Deinem Partner und versucht, das Problem gemeinsam zu lösen.

Wenn das eigentliche Problem (die Wurzel) nicht mehr besteht, können Ängste/Phobien mit der Zeit auch von ganz allein (ver-)gehen.

2. Beispiel: Schutz vor einer unangenehmen Situation

Ängste können auch vor unangenehmen Besuchen schützen, wie in diesem Fall bei der Schwiegermutter.

Lisa kommt mir ihrer Schwiegermutter nicht zurecht, sie wird von ihr unterdrückt. Sie ist anscheinend nicht gut genug für ihren Sohn.

Jedes Mal, wenn Lisa auf dem Weg zu ihrer Schwiegermutter war, löste das Angst bei ihr aus. Sie hatte schon lange das Gefühl, dass ihre Schwiegermutter sie nicht mochte, nur den Grund wusste sie nicht.

Jedes Mal, wenn die zwei zur Schwiegermutter fuhren, überquerten sie eine Brücke.

Als wieder ein Treffen vor der Tür stand, ist Lisas Freund gleich nach der Arbeit direkt zu seiner Mutter gefahren und Lisa fuhr alleine mit dem Auto dorthin. Da bemerkte sie zum ersten Mal Angst und Panik als sie diese Brücke überquerte. Um dieser unangenehmen Situation aus dem Weg zu gehen erfand Lisa jedes Mal aufs Neue Ausreden um nicht über diese Brücke zu müssen.

Sie konnte sich dieses Phänomen nicht erklären. Bei kommenden Terminen bei der Schwiegermutter ging es ihr jedes Mal schlecht, mal war es Fieber, mal Erschöpfung. Sie begann sich deswegen vor weiteren Treffen mit ihr zu drücken, weil es ihr zu verabredeten Terminen nicht gut ging. So blieb Lisa lieber zu Hause, machte sich einen Tee und legte sich hin.

Glaubenssätze, Annahmen:

Ich bin nicht gut genug.
Ich bin nichts wert.
Ich muss mich vor anderen immer rechtfertigen.

Gefühle:

Minderwertigkeitskomplex
Ohnmachtsgefühl
Enge in der Brust
Schwächegefühl
fiebrig

In diesem Fall mochte die Angst, die sie bekam, wenn sie über diese Brücke, Lisa auf das Problem mit ihrer Schwiegermutter aufmerksam machen, das es zu lösen galt. Die Angst schützte sie vor einem weiteren unangenehmen Aufeinandertreffen.

Positive Glaubenssätze für diese Situation:

Ich liebe und achte alles an mir.
Ich akzeptiere mich.
Mein Denken ist frei, ich bin gut so wie ich bin.

6 Kapitel

Wie überwinde ich meine Ängste?

Im Folgenden möchte ich einige Übungen vorstellen, die bei richtiger Ausführung unseren Stressabbau fördern können und so die Angst mindern. Dies finde ich sehr wichtig. Bei einigen Angstleidenden befindet sich der Stresspegel dauerhaft auf höchstem Niveau. Dies fördert die Angst. Dadurch geraten sie wiederum schneller in eine weitere Angstsituation. Bei einem gesunden Menschen flacht der Stresspegel nach einer Angstsituation ziemlich schnell ab, was bei Angstleidenden nicht so ist.

6.1 Mentales Training, Visualisierung, positives Denken

Was ist positives Denken und was bringt es Dir?

Positiv Denken bedeutet, in einer Situation das berühmte „halb volle Glas" zu sehen, also eher die positiven statt der negativen Aspekte wahrzunehmen. Es bedeutet auch, sich etwas zuzutrauen, an Erfolge und Möglichkeiten zu glauben und Dinge anzugehen, die andere für nicht machbar halten. Fast alle großen Erfolge der Geschichte haben mit positivem Denken zu tun: Jemand hat an eine fast unvorstellbare Möglichkeit geglaubt und diese umgesetzt. Positives Denken hat viele Vorteile für Dein Leben:

Sich auf die guten Dinge zu fokussieren, macht glücklich. Wer immer die schlechten Dinge, die Gefahren und Misserfolge sieht, ist bald wie gelähmt. Positives Denken macht Dich handlungsfähig und sorgt dafür, dass Du immer wieder aufstehen und weitermachen kannst.

Positiv Denken wirkt sich positiv auf Deine Gesundheit aus: Wer an seine Heilung glaubt, hat viel höhere Chancen, sogar schlimme Krankheiten zu besiegen.

Optimismus ist eine wichtige Voraussetzung für beruflichen und persönlichen Erfolg.

Wenn Du positives Denken lernst, lernst Du dabei noch eine zweite wichtige Lektion: Du bist der Herr oder die Herrin Deiner Gedanken. Du kannst bis zu einem gewissen Punkt selbst entscheiden, was Du denkst. Das eröffnet ganz neue Möglichkeiten!

Ein positiver Blick auf Dich selbst und Deine Erfolge stärkt das Selbstbewusstsein und das Selbstwertgefühl. Auch so können wir die Angst abbauen.

Positives Denken macht Dich offen für Neues und hilft Dir, Deinen Horizont zu erweitern.

Man hat festgestellt, dass die Sinnesorgane von positiv eingestellten Menschen besser funktionieren. Negatives Denken scheint also nicht nur im übertragenen Sinn dazu zu führen, dass wir „die Augen verschließen".

Was positives Denken NICHT ist:

Viele Menschen rollen beim Thema „positives Denken" erst einmal mit den Augen. Der Grund ist eine falsche Vorstellung davon, was damit eigentlich gemeint ist. Positives Denken bedeutet nicht, alles Negative einfach auszublenden. Und es bedeutet schon gar nicht, nur noch beseelt durch die Welt zu tänzeln, wie manche es sich vielleicht vorstellen. Optimismus ist genauso realistisch wie Pessimismus; schließlich gibt es so gut wie nichts, was nur positiv oder nur negativ ist. Wir leben nicht in einer Dualität, es gibt so viel dazwischen. Aber: Auf welche Aspekte wir uns konzentrieren, das entscheiden wir und merken es in unserer Außenwelt, wie in einem Spiegel.

Dabei gibt es einen wichtigen Aspekt zu beachten: Unser Gehirn erkennt keine Verneinungen an, z.B. Äußerungen mit „kein(e)", „nicht" usw.

Beispiel:

„Ich möchte keine Angst mehr haben."
Das Gehirn erkennt: „Ich möchte Angst haben."

Solche Sätze agieren wie negative Glaubenssätze. Höre Dir deswegen Meditationen, Fantasiereisen usw. erst einmal an, bevor Du Dich für sie entscheidest.

12 Tipps, wie Du positives Denken trainieren kannst

1. Versuche, so gut es geht, negative Gedanken aus Deiner Gedankenwelt zu verbannen.

Negative Gedanken können uns manchmal wirklich den Tag, die Laune oder auch unsere Freude vermiesen. Sich bewusst dagegen zu entscheiden bedeutet nicht, dass sie nicht mehr da sind. Aber Du entziehst ihnen die Macht, Deinen Tag kaputtmachen zu können. Versuche negativen Gedanken die Macht zu nehmen, und entziehe ihnen somit die Aufmerksamkeit. So haben sie wenigstens keinen großen Einfluss mehr auf Dich.

PS: Wenn Du feststellst, dass Du wieder einmal von Sorgen, Ängsten, Vorwürfen oder anderen negativen Gedanken überrollt wirst, dann ziehe einen energischen Schlussstrich und wende Dich am besten anderen Dingen zu. Lenke Dich von negativen Gedanken ab. Sie bringen Dich sowieso nicht weiter.

2. Lächle einfach mal wieder, egal ob Dir danach ist oder nicht.

Wenn wir lachen, auch wenn uns nicht danach ist, schüttet unser Körper Glückshormone aus. Unser Körper hat es quasi „einprogrammiert", dass wenn wir die Lippen zu einem Lächeln heben, wir glücklich sind; deswegen sollte man auch dann, wenn man nicht glücklich ist, stets ein Lächeln auf den Lippen tragen. Forscher haben festgestellt, dass durch einen positiven Gesichtsausdruck fast sofort Glückshormone freigesetzt werden. Auch wenn dieses Lächeln aufgesetzt ist, meint unser Gehirn die Information zu bekommen, dass wir glücklich sind.

3. Versuche Situationen von seiner positiven Seite zu betrachten.

Man kann fast jeder Situation etwas Positives abgewinnen, manchmal übersehen wir es einfach nur. Hindernisse im Leben können wir auch als eine Herausforderung interpretieren und aus Fehlern lernt man. Oft ist es bei großen Themen sehr schwer, das Positive zu erkennen. Es ist mit Sicherheit nicht einfach, an das Positive zu denken oder eine Situation positiv zu betrachten, wenn man um etwas trauert oder einen Schicksalsschlag erlebt hat. Aber im Kleinen gibt es unzählige Möglichkeiten, mal genauer hinzuschauen und das Positive herauszufinden. Und schließlich wird das dann auch bei größeren Themen gelingen.

4. Führe ein Dankbarkeitstagebuch.

Fange mit ganz banalen Alltagsdingen an.

Ich bin dankbar, dass ich ein Dach über meinem Kopf habe.

Ich bin dankbar, dass ich jeden Tag etwas zu essen habe.

Ich bin dankbar, dass ich liebe Freunde und auch himmlische Helfer an meiner Seite habe.

Wenn Du diese Übung wirklich täglich machst, morgens oder abends, dann wirst Du schnell bemerken, dass es Dir immer leichter fällt. So kannst Du den Blick von dem Gefühl des Mangels und von Negativem abwenden und bemerkst, wie viele positiven Seiten es im Leben gibt.

5. Dosiere Deinen Nachrichten- und Medienkonsum.

Katastrophenmeldungen können uns sehr schnell den Eindruck vermitteln, es gäbe nur noch Schlimmes auf der Welt. Es gibt Millionen von positiven Ereignissen, die von den Medien nicht oder nicht an erster Stelle berichtet werden. Um diesen negativen Eindruck abzumildern kann es helfen, die Nachrichten, die man sich ansieht oder anhört, bewusst zu dosieren. Schau mal eine Weile keine Nachrichten mehr. Versuche es wenigstens mal für 4 Wochen, keine Zeitung, Fernsehen oder Nachrichten von Internet-Portalen. Beschränke vorerst Deine freie Zeit auf positive Nachrichten, egal ob online oder Zeitung und Fernsehen. Dir wird auffallen, dass sich das positiv auf Dein Denken auswirken wird.

6. Befreie Dich von schlechter Laune in Deinem Umfeld.

Dein Denken wird auch von den Menschen aus Deiner Umgebung beeinflusst, gerade auch von solchen, die negativ denken. Wenn man selbst schlecht gelaunt ist, kann man keinen anderen schlecht gelaunten Menschen ertragen. Das Gleiche gilt auch andersherum: Wenn wir uns mit positiven Menschen umgeben, hebt sich die Stimmung auch bei uns.

Überlege mal: Wo sind die 5 engsten, zwischenmenschlichen Beziehungen, die du hast? Was sind das für Typen von Menschen? Eher Griesgram-Menschen oder Miesepeter, Optimisten oder Pessimisten? Durch dieses Hinterfragen wird Dir schnell klar, wie auch Du bist.

Warum? Wie Tobias Beck, ein Top-Speaker unserer Zeit, schon sagte: „Zeig mir die 5 eng stehenden Menschen, die Du um Dich hast und ich kann dir sagen, was für ein Typ Mensch Du bist!"

7. *Verabschiede Dich von Deiner Opferrolle!*

Übernimm die Verantwortung für Dein Leben! Verabschiede Dich von Deiner Opferrolle! Du hast viel mehr Aspekte in Deiner Hand als Du glaubst. Nutze Deine positive Energie und sei wieder Du selbst. Nimm bewusst wahr, wie schön es ist, wieder Herr oder Herrin über Dich selbst zu sein, ohne fremde Einflüsse.

Oft heißt es „mach dies und jenes", nicht aber „hast du schon einmal hinterfragt warum?"

Nur weil die Gesellschaft es nicht möchte?

Wir reden hier jetzt nicht von irgendwelchen tatsächlichen Straftaten, sondern von banalen Sachen wie:

Ein Kind schreit im Bus und die Oma ermahnt es:

„Du darfst nicht so laut sein!"

So haben wir den nächsten negativ besetzten Glaubenssatz in uns.

Genauso wie bei Aussagen wie:

„Sei brav!"

„Ein Indianer kennt keinen Schmerz."

Was soll das bitte heißen? Ich darf nicht „Aua" sagen, wenn mir etwas weh tut? „Sei brav", warum? Ist in dem Moment einem Elternteil etwas zu viel geworden? Kinder sind Freigeister und das ist herrlich. Wenn sie aber dermaßen eingeschränkt werden, sind sie geprägt bis ins Erwachsenenalter. Sie haben diese Glaubenssätze als ihre angenommen (Angst vor Liebesentzug und Anerkennung), sie möchten Mama und Papa ja nicht verärgern. So schlummern noch heute diese Glaubenssätze in uns, sodass wir uns in manchen Situationen erst mal nicht erklären können woher dieser Glaube, diese Sichtweise oder diese Annahme kommen. Sie halten uns oft in Opferrollen fest, aus denen wir ohne an uns zu arbeiten nicht mehr herausfinden.

8. Vermeide es, Dich mit anderen zu vergleichen.

Der Nachbar hat ein schöneres Haus, der andere einen Swimmingpool oder ein besseres Auto. Verabschiede Dich von solchen Gedanken. Dass jemand anders etwas Besseres, Tolleres, Größeres hat, ist schlichtweg unwichtig. Solche Vergleiche erzeugen in uns ein Gefühl des Mangels. Daraus resultieren Angst und Frust. Hast Du Dir schon einmal überlegt an welchem Maßstab dies bemessen wird (jeder hat ein anderes Gefühl für diesen Maßstab)? Aber genau das möchten wir jetzt in uns erforschen und ändern.

9. Betrachte Erfolge aus Deiner Vergangenheit.

Du hast in Deinem Leben sicherlich schon viel mehr erreicht als Dir momentan bewusst ist. Du bist liebende Mutter, hast einen guten Job, bist finanziell abgesichert, hast liebevolle Freude, hast ein Buch geschrieben. Mach Dir doch einfach mal eine Liste und Du wirst sehen, wie toll Du tatsächlich bist. Wenn Du zurückblickst, gibt es so viele positive Dinge – hol Dir diese Glücksmomente zurück. Sage vor diesem Hintergrund „Ja" zu Deiner Zukunft. Sag Dir: „Darum werde ich wieder solche Erfolge feiern. Ich habe es bis hierher geschafft, also kann es nur weitergehen, es kommt sogar noch mehr, ich habe es verdient!" Feier jeden Deiner zukünftigen Erfolge, belohne Dich dafür. Du weißt sicherlich, was du gerne mal wieder machen würdest. Bei erfolgreicher Erledigung ist das dann deine Belohnung. Unser Gehirn reagiert darauf mit Glückshormonen, weil wir uns für ein erreichtes Ziel belohnen und wie Du schon weißt mindern Glückshormone unsere Angst.

10. Morgenritual

Starte den Tag doch mal ganz bewusst mit positiven Gedanken. Überlege, was Du heute Schönes machen möchtest, vielleicht mal wieder malen? Einen Spaziergang im Grünen? Die Blumen am Wegesrand betrachten? Einen Waldspaziergang? Egal was es ist, nimm Dir jeden Tag etwas vor, das Dir Spaß macht, das Dir Freude bereitet, das Dir ein Lächeln ins Gesicht zaubert. Denk auch an die Übung mit den Post–its (positive Glaubenssätze).

11. Die Woche strukturieren.

Die Angst nimmt zu viel Platz in unserer Tagesstruktur ein. Daher sollten wir unsere Woche mit neuen schönen Aktivitäten planen. Konzentriere Dich darauf, damit die Angst immer weniger Platz in Deinem Leben bekommt. Dadurch, dass unser Kopf beschäftigt ist, kommt die Angst auch nicht mehr so schnell durch, weil der Fokus woanders liegt.

Setz Dir Ziele! Lebensbereiche, die Du ändern möchtest, fang wieder an zu leben und nicht vor Dir hin zu vegetieren.

Dir gefällt dein Job nicht? Dann frag Dich, was du gerne machen würdest. Was liegt Dir am besten?

Wie Du weißt konnte ich die Zeitarbeit nicht lange ausüben. Schichtarbeit und Montage/Löten von Platinen. Ich konnte es – keine Frage. Nur: Hat es mir Spaß gemacht? Am Anfang ja, als die Routine kam nicht mehr. Mittlerweile coache ich andere Menschen ihre Ängste aufzulösen/sich selbst zu entdecken, schreibe Bücher und Blog-Einträge. Vor zwei Jahren hätte ich so etwas noch nicht für möglich gehalten. Ich und Bücher schreiben – nie im Leben. Tja, und jetzt arbeite ich gerade an meinem zweiten Buch „Wie baue ich meinen Selbstwert auf?".

Mal sehen, was dieser Beruf in Zukunft so alles aus mir heraus kitzelt, es ist gerade wie ein neues Kapitel, ein wundervolles Abenteuer. Es ist so schön zu sehen, wie Du und meine Klienten den Weg aus der Angst finden. Hierzu entwickelte ich Anfang 2019 einen „Kurs gegen die Angst", der besser ankommt als ich mir je vorstellen konnte. So habe ich meine Berufung gefunden, meine Woche strukturiert und bin überaus glücklich damit. Was fällt Dir ein, was Du gerne machen möchtest? Welchen Bereich in Deinem Leben möchtest Du verändern?

Gerne helfe ich Dir auch dabei.

12. Ein Buch über Glücklichsein lesen.

Es ist schwierig, positiv zu denken oder Positives zu erkennen, wenn man mitten in der Angst steckt. Da hilft einem vielleicht ein kleiner Anstoß von außen auf die Sprünge. Wir können uns z. B. Literatur, einen guten Film oder auch Gedichte zu Hilfe nehmen. Es sollte nur etwas sein, das unsere persönliche Entwicklung antreibt, wie Selbstwert und Selbstvertrauen aufbauen, Meditieren lernen, Verhaltenstherapie, usw.

Romane, Horrorgeschichten oder Fantasiegeschichten sind kontraproduktiv. Durch Träumereien in eine „bessere Welt", auch online-Spiele mit einbezogen, bekommen wir noch mehr Gewissensbisse (nur, wenn man an sich arbeitet, kann man Erfolge bezüglich Angstmindern erreichen) und je nach Lektüre kann die Angst eher steigen als sich mindern.

6.1.2 *Sich selbst und sein Umfeld reinigen*

Wie in den vorangegangenen Tipps, Punkt 6, schon erwähnt, sollten wir unser Umfeld auch bereinigen. Damit wir unser Außen reinigen können, bedenke das Gesetz der Spiegelung, im Innen wie im Außen.
Beseitige alles Schädliche in Deinem Inneren, wie z. B.:

Gedanken
Verhaltensmuster
Anhäufung negativer Energie
Ahnenpakete
Sichtweisen und Annahmen

Einfach alles, was uns neben unserer Angst noch zusätzlich belastet. Hierzu gehört auch die Ernährung.

Schädliches von außen:
- Energie-Vampire: Menschen, die bei uns ihre benötigte Aufmerksamkeit suchen. Sie haben sich von der Anerkennung anderer Menschen abhängig gemacht, wobei wir die größte Anerkennung nur von uns selbst erhalten können.
- „Miesepeter", „griesgrämige Menschen": Sie sind mit ihrem eigenen Leben nicht zufrieden, sind immer schlecht gelaunt und lassen das auch bei anderen raus!
- Unordnung, Unsauberkeit in den eigenen vier Wänden: Mit der Zeit häuft man wirklich viel zu viele Sachen an, die man eigentlich nicht mehr braucht.
- So etwas wie freie Radikale, Umweltgifte etc. können wir leider nicht wirklich beeinflussen; dem können wir nur durch Sport, Spazierengehen im Wald und gesunde Ernährung entgegenwirken.

All die oben aufgezählten Aspekte gilt es zu bereinigen um sich wieder freier zu fühlen.

Menschen, die einem nicht guttun, sollte man aus seinem Leben (ent-)lassen; es macht einen selbst nur kaputt. Schließlich möchtest Du wieder gesund werden. Was bringt es Dir, wenn Du Menschen um Dich herum hast, die Dich emotional noch mehr runterziehen oder Dich gar als „Lusche" hinstellen oder Sätze wie z. B. die folgenden äußern?

„Ach komm, jetzt hab Dich doch nicht so."
„Man braucht keine Angst zu haben."
„Stell Dich nicht so an."

Inwiefern helfen uns solche Aussagen weiter, wenn wir am Boden zerstört sind, bibbernd vor Angst, uns vielleicht sogar zu Hause einsperren? Schließlich wünschen wir uns ja, unsere Angst wieder in den Griff zu bekommen. Solche Sätze helfen uns ganz bestimmt nicht dabei. Meiner Meinung nach ist das mehr als respektlos.

Kein Wunder, dass man sich in so einem Umfeld mit dieser Krankheit komplett alleine fühlt. Aber warum sollten wir uns eigentlich wegen einer Krankheit – was in den Augen vieler Menschen ein Zeichen für Schwäche ist – schämen und runter machen lassen? Nein, so nicht! Das tut uns nicht gut. Also bitten wir solche Personen höflichst – wir haben im Gegensatz zu anderen Respekt –, zu gehen und das Weite zu suchen.

Angst ist keine Schwäche. Für mich zeigt es nur noch viel mehr, wie stark ein Mensch tatsächlich ist.

Das Saubermachen bezieht sich auch auf unseren materiellen Besitz, auf die Unordnung in unserem Haus oder in unserer Wohnung; hier gilt es ganz rigoros auszusortieren, Frühjahrsputz zu machen, Ordnung zu schaffen. Es ist unglaublich, was das mit einem anstellt.

Wenn wir es dann geschafft haben, unsere innenliegenden Beschränkungen, die Mauer ums Herz, nach und nach abzubauen, als auch offensichtliche äußere Faktoren aus unserem Leben zu (ent-)

lassen, bemerken wir auch im Außen, wie sich unser Umfeld und unsere Umwelt Stück für Stück verändern.
Mir half es, dass ich mich nicht mehr so eingeengt fühlte. Ich habe nach und nach meine Klamotten, meine Engelsammlung, meine Papiere aussortiert.

Dann fing ich an, die Wohnung auszuräumen, die Schränke auszuwischen und die Sachen ordentlich und sortiert wieder einzuräumen. Selbst die Kleidung aus meinem Kleiderschrank habe ich aussortiert und nochmals gewaschen, dann gebügelt und sauber zusammengelegt wieder in den ausgewaschenen Schrank zurückgelegt. Selbst der Staub unter der Couch hat mich genervt, tja, typisch für das Sternzeichen Jungfrau.

Also, ihr seht, einmal richtig alles aufzuräumen, innen wie außen, ist viel Arbeit, aber es lohnt sich. So eine tiefe Zufriedenheit wie nach dieser Aktion habe ich noch nie in mir gespürt.

6.2 Haltung

Anstatt unseren Blick abwärtszurichten müssen wir nicht nur unsere Gedanken „re-programmieren", sondern auch unsere äußere wie innere Haltung dem anpassen, was wir uns in Zukunft für uns wünschen – darauf, was wir im Außen ausstrahlen möchten.

Wenn Du traurig bist und Dich ganz klein machst, drückt dies Deine Trauer aus. Keine Frage, eine Phase der Traurigkeit darf durchaus sein. Nur, wenn wir uns wieder aufraffen möchten, sollten wir genau das Gegenteil tun, also aufrecht hinstellen, Bauch rein, Brust raus, offenes Gemüt – dies signalisiert dem Gehirn, dass man gut drauf und nicht mehr traurig ist. So hebt sich auch unsere Stimmung sehr schnell.

Genauso ist es auch bei der Angst: Man zieht sich ins Schneckenhaus zurück, macht sich klein, sitzt zusammengekauert in der Ecke oder steht zitternd da. Um dem entgegenzuwirken machen wir auch hier das Gegenteil: Wir machen uns groß und stellen uns aufrecht hin. *Ich bin präsent, ich schultere das!* ICH BIN HIER – selbstbewusst und klar definiert. Fühl Dich so wie Du in Wirklichkeit bist und verstecke Dich nicht.

Fühlen – wie wir unsere Gefühle wieder erlernen

Um unsere Gefühle wahrnehmen zu können ist es nötig, in unseren Körper hineinzufühlen und seinen Empfindungen zu lauschen. Wenn wir abgekoppelt von ihm leben oder ihn sogar hassen, braucht es naturgemäß Zeit und Übung bis wir wieder dahin kommen, unsere Empfindungen, Gefühle und Emotionen zu fühlen. Durch Achtsamkeit, mit Disziplin, Übung und Willen schaffen wir das auch wieder.

Wenn wir Gefühle, Emotionen und Empfindungen als Schutz vor Verletzung nicht mehr spüren können, ist es ein Zeichen, dass wir dringend handeln sollten.

Möglicherweise gab es in Deinem Leben wichtige Gründe, nichts oder wenig zu spüren. Das kann beispielsweise ein wirksamer Schutz vor Verletzungen geistiger oder körperlicher Attacken von außen gewesen sein.

Du darfst Dir gönnen, Deine Gefühle in kleinen Dosen zuzulassen. Dadurch kannst Du erfahren, ob es heute für Dich „sicher" ist, zu spüren. Dadurch gewinnst Du Mut Dich mehr und mehr auf Deine Innenwelten einzulassen.

Bitte zwinge Dich zu nichts und gönne Dir bei beängstigenden oder bedrohlichen Gefühlen Hilfe bei einem Therapeuten oder Heilpraktiker für Psychotherapie. Auch wenn Du Widerstände gegen Deine Gefühlswelt spürst oder Dich taub fühlst, wäre es ratsam, mit einer Therapeutin oder einem erfahrenen Coach darüber zu sprechen. Am besten ist es mit jemandem zu reden, der es selbst schon erlebt hat. Er/sie kann dich am besten verstehen, dadurch wirst Du mit mehr Respekt und Verständnis für Dich und Deine Krankheit behandelt.

6.3 Autogenes Training

Autogenes Training* ist eine tiefere Form der Hypnose, eine von innen heraus erzeugte Entspannung. Autogenes Training hilft gegen Angst und Stresszustände, weil sich diese Form der automatischen Körperentspannung durch Wiederholungen auf den gesamten Körper fokussiert, indem automatisch Schwere, Wärme, Atemregulierung, Herzregulierung, Bauchwärme und Stirnkühlung für eine von innen kommende Entspannung erzeugt werden. Autogenes Training kann, einmal gelernt und ausreichend geübt, sehr gut allein in fast jeder Situation für die Stärkung der Gesundheit angewendet werden. Die Grundlage bildet die Suggestion eines Ruhezustands in den einzelnen Körperregionen. Heraus kommen ruhige Gedanken.

Besonders bei gestressten und psychisch belasteten Menschen kann autogenes Training zur Aufrechterhaltung und Stabilisierung der Psychohygiene beitragen. Menschen mit Ängsten oder Menschen, die vor angsteinflößenden Situationen stehen, können in hohem Maße vom autogenen Training profitieren. Autogenes Training hilft beim zielgerichteten, schrittweisen Abbau von Ängsten und Panikattacken. Beim autogenen Training helfen Vorsätze, die spezifisch mittels einer abgestuften Desensibilisierung erstellt werden können, so wie ich es hier für unterschiedliche Situationen und Ängste getan habe.

6.4 Meditation, Achtsamkeit

Meditationen sind eine wundervolle Art und Weise, wieder zur Ruhe und zu seiner inneren Mitte zu kommen. Wenn wir ruhig in einer Meditation und auch die Gedanken beruhigt sind, öffnet sich unser Unterbewusstsein. In diesem meditativen Zustand sind wir offen für Affirmationen sowie Autosuggestionen.

Sie können, ohne dass sie von unserem Ego gefiltert und bewertet werden, in unser Unterbewusstsein gelangen, beispielsweise mittels Visualisierung eines schönen Bildes, das natürlich der Situation und dem, was wir verbessern möchten, entspricht.

Brauchst Du Hilfe dabei oder möchtest meditieren lernen, dann findest du den kostenlosen Kurs „Wie meditiere ich richtig" und kostenlose geführte Meditationen auf meinem Kanal in YouTube. Am Ende des Buches findest du die Internetadresse.

Es müssen nicht immer die Recording-Meditationen sein, es können auch ganz banale Sachen sein wie z.B. Tee trinken (genaueres nach „Tagtraum"), Gartenarbeit oder einfach nur mit verträumtem Blick dasitzen – das genügt schon. Wie bei einem Tagtraum.

Tagtraum

Visualisieren (programmieren, Bild erstellen) seiner eigenen Zukunft:

Mache es Dir gemütlich, wenn Dir danach ist, mit leiser, ruhiger Hintergrundmusik.

Visualisiere nun, was Du erreichen möchtest, stelle es Dir mit allem, was dazugehört, vor, wie z.B. Töne/Geräusche, Düfte, Personen. Wenn Du Dir z.B. himmlischen Kontakt wünschst, dann stelle Dir vor, wie einer dieser wundervollen Begleiter mit Dir zusammen in Deiner Situation agiert. So, dass jedes Deiner Sinnesorgane eine Rolle in Deinem „Theaterstück" einnimmt.

Eine Tasse Tee

Oft sind es die einfachsten Dinge, die uns beflügeln. Man kann meditativ, achtsam und genussvoll eine Tasse Tee genießen. Diese spricht mehrere unserer Sinne an: Duft, Wärme, Geschmack, schöne Farbe ...
Es kann so einfach sein.

Achtsam duschen, baden, Hände waschen

Lenke all Deine Aufmerksamkeit auf das, was Du gerade tust, auf das, was Du fühlst. Spüre das Wasser auf Deiner Haut, rieche den Duft der Seife. Wie hört sich das Plätschern des Wassers an? Nimm einfach alles ganz bewusst wahr, ohne dabei eine Bewertung vorzunehmen.

Achtsam barfuß laufen

Unsere Füße sind sehr sensibel. Während wir laufen, senden sie hunderte Signale an unser Gehirn. Sie geben uns Informationen über unsere Körperhaltung, auf welchem Untergrund wir uns bewegen und welchen Laufstil wir gerade benötigen.

Durch das ständige Tragen von Schuhen wird diese Fähigkeit jedoch stark beeinträchtigt. Suche Dir deshalb einen sicheren Ort, an dem Du Dich nicht verletzen kannst, um barfuß zu laufen.

Auch das hat übrigens etwas mit Achtsamkeit zu tun. Dann achte darauf, wie sich Deine Fußsohlen beim Laufen anfühlen. Was nimmst Du wahr? Wie fühlt sich der Untergrund an? Was macht diese neue Lauferfahrung mit Deinem restlichen Körper? Ändert sich etwas an Deinem Energiefluss?

Sei aufmerksam und achtsam!

Achtsam die Natur wahrnehmen

In der Natur steckt viel Kraft, Weisheit und Energie für uns. Die meisten Menschen lassen diese Kraft jedoch ungenutzt links liegen.

Es reicht schon ein ausgiebiger Waldspaziergang, auf dem wir uns bewusst und achtsam auf die Natur einlassen.

Anleitung

Gehe in den Wald und nimm Deine Umgebung ganz bewusst und achtsam in aller Ruhe wahr.

Höre die Vögel, den Wind, die Blätter.

Fühle die Baumrinden, das Moos, die Blätter.

Assoziationen: Welche Bilder tauchen in Deinem Inneren auf? Vielleicht schöne Erinnerungen aus Deiner Kindheit, die Dir Kraft geben? Vielleicht läuft oder fliegt Dir auch ein Tier über den Weg. Schau, was dieser Kontakt mit Dir macht.

Sei einfach aufmerksam und neugierig wie ein Kind und schau, was es alles zu entdecken gibt.

Achtsamkeitsübungen zum Einschlafen

Achtsam ins Bett gehen

Wenn wir unser Bewusstsein bis kurz vor dem Schlafen mit Informationen „zubomben", dann ist es kein Wunder, dass wir nicht sonderlich gut einschlafen. Noch schlimmer ist es kurz vorher Nachrichten zu schauen oder negative Artikel in der Zeitung oder online zu lesen.

Daher ist es sinnvoll, sich mindestens eine Stunde vor dem Schlafengehen von den Bildschirmen zu lösen und seine Aufmerksamkeit mehr auf sich selbst zu richten.

Wir wollen zur Ruhe kommen, die Gedanken beobachten, anstatt uns in sie hineinzusteigern. Wir wollen wieder mehr in den Körper kommen.

Anleitung

Wenn Du Dich ins Bett legst, dann richte Deine Aufmerksamkeit auf Deinen Körper.
Spüre die Unterlage unter Dir.
Spüre die Decke, die Dich wärmt.
Beobachte Deinen Atem.
Bemerke die Gedanken, die Dir durch den Kopf gehen.
Hänge ihnen nicht hinterher, sondern lass sie einfach weiterziehen. Wie Wolken am Himmel.

Auch kannst Du Deinen Körper ganz sanft bewegen und beobachten, wie sich das anfühlt. Und ganz wichtig: Lass das Handy draußen.

Selbstgespräche und Gedanken wieder bewusst hören können

Bei vielen rattert es den ganzen Tag im Kopf von Selbstgesprächen, ungewollten Gedanken usw. Dies ist auf Dauer – Tag für Tag – belastend und nervig, aber es ist normal.

Es gibt allerdings einen Unterschied: die Art und Weise, wie wir damit umgehen. Ja, es gibt eine achtsame und eine unachtsame Umgangsweise damit.

Lassen wir es zu, reden sie uns sämtliche Katastrophen und Ängste ein, und das Schlimmste ist, dass wir ihnen das auch noch glauben. Vor allem wissen wir, dass Gedanken eine Reaktion und infolgedessen eine bestimmte Empfindung auslösen usw. (siehe „Teufelskreis" weiter oben). Stattdessen sollten wir eine Beobachterposition einnehmen und schauen, was in uns vorgeht. Wichtig dabei ist, dass wir nichts beurteilen oder bewerten. Einfach nur präsent sein und aufmerksam zuhören.

Meditationsübung:

Komm zur Ruhe und lass Deine innere Stimme zu Dir sprechen. Sage: „Stopp!"

Nimm 3 Mal einen tiefen Atemzug, ganz in Ruhe. Lausche Deinen Gedanken aus der Beobachterposition. Versuche Deine Gedanken nicht zu beeinflussen. Merke dabei bewusst, wie diese verschwinden.

6.5 Hypnose als Therapieverfahren

Was ist Hypnose eigentlich?

Hypnose ist ein tranceartiger Zustand, fast wie kurz vor dem Einschlafen. Tagträume sind beispielsweise auch eine Art Hypnose. Eine Hypnose besteht, wie ein Buch (Einleitung, Hauptteil, Schluss), aus mehreren Etappen (Einleitung/Entspannung, Suggestionen platzieren, aus der Trance wieder heraus führen) und wird immer nach dem gleichen Schema durchgeführt. Nach einer Einleitung wird direkt das Unterbewusstsein angesprochen, so kann man durch Suggestionen unterbewusst erlernen Ziele zu erreichen bzw. sich selbst „umzuprogrammieren". Es ist wie eine tiefgreifende Form der Kommunikation. Unser Bewusstsein versucht immer zu filtern – dies ist gut, jenes ist schlecht usw. –, doch im Unterbewusstsein nehmen wir Suggestionen ungefiltert auf (neu programmiert auf das Ziel hin, dass der Klient sich wünscht).

Auch hier gilt, dass wir bei Suggestionen und Glaubenssätzen darauf achten, dass weder das Wort „nein" noch die Wörter „nicht" und „kein(e)" vorkommen, weder einzeln noch als beliebte (wenn auch falsche) doppelte Verneinung. Unser Gehirn bzw. Unterbewusstsein kann das nicht so filtern wie unsere bewusste Präsenz.

Folgendes Beispiel:

„Ich möchte KEINE Angst mehr haben." – Das wäre falsch; stattdessen sollten wir sagen: „Ich bin mutig und fühle mich sicher." Das heißt, wir sollten nicht versuchen, Verneinungen für Suggestionen herzunehmen, sondern wir sollten das Ziel haben, Sätze zu formulieren, die positive Suggestionen beinhalten.

Voraussetzung für die Hypnose:

Hypnose als Therapieverfahren setzt eine Vertrauensbasis sowie Empathie zwischen Therapeut und Klient (Hypnotisand) voraus.

Der Therapeut sollte auf jeden einzelnen Klienten eingehen und dadurch eine individuelle Behandlung ermöglichen. Weiter braucht es die Bereitschaft des Klienten, sich auf die Hypnose einzulassen und mitmachen zu wollen.
– Freier Wille ist hier der Schlüssel zum Erfolg. –
Der Klient sollte dafür eine gewisse Vorstellungskraft und Konzentrationsfähigkeit ausgebildet haben.

Hypnose ist eine ganzheitliche Methode, die auf körperlicher, geistiger und seelischer Ebene operiert. So können Krankheiten emotionalen Ursprungs festgestellt werden und somit Veränderungs- und Heilungsprozesse angeregt werden.

Körperliche Ebene: organische Vorgänge wie Herzschlag, Empfindungen und Muskelaktivitäten, Blutdruck

Geistige und emotionale Ebene: Es ist möglich, vergessene oder verdrängte Konflikte/Gefühle und traumatische Erlebnisse zu erreichen, die den Symptomen zugrunde liegen, um sie aufzulösen.

6.5.1 *Hypnose und Angst*

Ein Klient ist, wie bereits beschrieben, nach der Einleitung für Suggestionen zugänglich, so kann der Therapeut eine alternative Wirklichkeit erstellen, die wir in unserem Inneren durch Visualisierung Wirklichkeit werden lassen. Diese ist von neuen positiven Glaubenssätzen geprägt, sodass wir die alten auflösen können bzw. ersetzen.

Auf diese Weise kann durch Hypnose bzw. Hypnosetherapie ein Angstpatient seine Ängste überwinden und sich von den Einschränkungen und der Fremdbestimmung, die sie mit sich bringen, frei machen. Während der hypnotischen Trance werden dem Klienten Suggestionen gegeben, die ihm helfen, das Objekt seiner Angst (angepasst auf den Klienten) neutral zu betrachten, ohne dass es eine Furchtreaktion in ihm verursacht. Seine Gedanken werden umstrukturiert und neu konfiguriert, wobei es zu einer Neubewertung der Situation kommt und der Klient lernt, anders auf den Angstreiz zu reagieren. Auf diese Weise kann der persönliche Stress gemindert werden und Panikattacken können abgebaut werden.

Eine Hypnosetherapie (auch Meditationen) behandelt sowohl die Symptome als auch die Gründe der jeweiligen Angststörung. Es wird auf allen Ebenen betrachtet und reflektiert, sodass der Therapeut die Hypnose oder Meditation passend für den Patienten gestalten kann. Außerdem lernt er, begründete von unbegründeten Ängsten zu unterscheiden, und stellt sich den Ursachen seiner Phobie. Die erzielten Veränderungen wirken langfristig und können das ganze Leben des Klienten verändern. Während der Hypnosetherapie kann der Klient die Technik der Selbsthypnose lernen, um die Symptome seiner Angst auch zu Hause zu kontrollieren.

Personen, die unter einer sozialen Phobie leiden, können mit Hypnose ihr Selbstbewusstsein stärken und ihre Annäherungsängste überwinden. Dies alles ist keinesfalls mit einer Showhypnose zu vergleichen.

Erlernen könnte es jeder, jedoch fehlen einige Grundsätze für eine richtige therapeutische Behandlung.

Eine besondere Bedeutung für die Hypnosetherapie hat die Methode der Dissoziation: Während der Hypnose sollten beim Lernen irrelevante oder störende Reize ausgeblendet werden, z. B. Schmerzen, unwichtige visuelle/akustische Reize oder Emotionen. Der Hypnosetherapeut fragt beispielsweise einen Schmerzpatienten, welche Farbe die Schmerzen für ihn symbolisieren würden. Ist die Antwort des Klienten z. B. „dunkelrot", trägt ihm der Therapeut auf, sich die Schmerzen aktuell in einem tiefdunklen Rot vorzustellen, das jedoch beim Hypnotisieren oder Meditieren allmählich immer blasser wird, bis es nur noch ein „Rosa" ist. Da das Gehirn sowohl im hypnotischen Trancezustand als auch im meditativen Zustand bildhaft arbeitet, ist die Vorstellung einer konkreten Farbe sehr wirksam und leichter manipulierbar als der Schmerz selbst. So geht es für die körperlichen Symptome, die wir bei Ängsten spüren, zu Ende und wir können gezielt entgegenwirken.

Auch eine Methode um Angstsymptome zu lindern sind Atemübungen.

6.6 Atemübung

Gerade in Angstsituationen wird der Atem sehr flach und schnell. Der Atem beeinflusst auch das Gefühl der Angst, oder die Symptome, und das kann es verstärken oder abschwächen. Bei einem Gespräch mit einer Therapeutin zeigte mir diese eine Übung, wie man eine Panikattacke simulieren kann: Man lässt bewusst die Atmung flach werden, es ist wie ein Hecheln. Die Symptome treten auf und man kann genau analysieren, was passiert. Allerdings in Begleitung eben dieser Therapeutin. Sie vermittelte mir eine gewisse Sicherheit, dass mir nichts passieren würde. So verstand ich, wie der Teufelskreis in mir entstand und welche Schritte nach und nach geschehen würden. Wenn es Dich interessiert, wende Dich an einen Therapeuten, der mit Dir diese Übung durchführt.

(Bitte NICHT ohne Therapeuten ausprobieren, wenn Du unter Angst- oder Panikattacken leidest! Diese können durch diese Übung kontrolliert ausgelöst werden!)

Durch das kontrollierte Erleben (mittels dieser Atemübung) einer Panikattacke wurde mir einiges deutlich. Mit dieser neuen Erkenntnis über die Angst ging es dann darum, es im tatsächlichen Leben umzusetzen.

5. Übung: Atem regulieren

Bitte zuerst in einem neutralen Umfeld üben, damit Du sicher wirst und die Übung im Falle einer wirklichen Angst- oder Panikattacke anwenden kannst.

Situation:

Stelle Dir eine Angstsituation vor, bei welcher der Atem flacher wird.

1. Position im Teufelskreis

Mentales Training:

Versuche schon in diesem Moment Dich auf Deinen Atem zu konzentrieren und immer weiter in das tiefe Atmen zurückzugelangen. Das sind Möglichkeiten, den Teufelskreis zu durchbrechen (siehe Übung 2) und die Angst-/Panikattacke wieder ausklingen zu lassen, sodass sie erst gar nicht übermächtig wird.

Bewusstes, achtsames Atmen

Wir alle atmen. Jeden Tag, jede Minute, jede Sekunde. Trotzdem vernachlässigen wir diese lebenswichtige Körperfunktion sträflich. Nur in seltenen Momenten der Luftknappheit wird uns bewusst, wie wichtig sie ist.

Daher hat Atmung viel mehr Aufmerksamkeit verdient. Sie begleitet uns das ganze Leben lang und spendet uns Leben.

Anleitung

Erinnere Dich mehrmals täglich daran, einige tiefe und bewusste Atemzüge zu nehmen.
Setze Dich dazu aufrecht auf einen Stuhl oder atme im Stehen.
Spüre, wie sich Dein Brustkorb bei jedem Atemzug weitet.
Fokussiere Dich darauf, wie Luft durch Deine Luftröhre strömt und immer tiefer in den Körper vordringt und wieder hinaus.
Achte darauf, an welchen Stellen Du nicht frei atmen kannst und wo Deine Atmung zu Spannungen im Körper führt.

Hier kannst Du Deine Aufmerksamkeit für 15–20 Sekunden verweilen lassen.

6.7 Dorn-Therapie und Breuß-Massage*

In meiner Ausbildung zur Gesundheitsberaterin und Massage-Therapeutin lernte ich, dass wir anhand unserer Wirbelsäule ablesen können, womit wir ein Problem (Psychisch! Nicht nur physisch!) haben oder wo die Angst steckt.

Die Rückgrat-Impulsmethode ist ein Konzept, bei dem wir sehen, welche Wirbel bzw. Wirbelgruppen zu welchen Selbstwerteinbrüchen, Ängsten und Konflikten gehören.

Wer oft an Kopfschmerzen leidet (HWS 1–3 sind die Hauptprobleme vieler Angstmenschen), signalisiert damit: Selbstaufgabe, sich selbst aufgeben, „Angst im Nacken haben" – negativer Glaubenssatz, etwas nicht verstehen können, Trennungskonflikt, etwas nicht beißen oder schlucken können, etwas nicht bekommen oder etwas nicht festhalten dürfen/können.

Daraufhin sollte man überlegen, welche Situation(en) es im eigenen Leben gibt. Im Falle dieses Buches: die Angst.
Angst davor ...
... verlassen zu werden.
... einer Situation/Person nicht gerecht zu werden.
... eine Krise, schlechte Erfahrungen, Lebensereignisse nicht verarbeiten zu können.
... etwas nicht schlucken zu können – was eine Person zu einem gesagt hat.
... usw.

Eine Vorgehensweise wäre nun folgende (nicht zwingend in dieser Reihenfolge):

Dorn-Therapie und Breuß-Massage

Konflikt mit der Angst auflösen (wenn nötig mit einem Coach oder Therapeuten)
Kräuter zur Unterstützung
Meditation für Stressabbau
Sport

Natürlich spiegelt sich unsere Angst auch an anderen Stellen unserer Wirbelsäule wider, z. B. ist bei der Brustwirbelsäule (BWS 1–12) ersichtlich, wenn jemand gedemütigt wird, seine Angst

vor weiterer Demütigung oder vor den Menschen, die einem so etwas antun;
BWS 2: Überforderung;
BWS 10 und 11: Gefühl, aus der Bahn geworfen worden zu sein.

Vielleicht ist das eine Methode, die Dir hilft, Dich besser kennenzulernen und herauszufinden, wo Deine versteckten Ängste liegen, vor allem mit welchem Grundthema, das ist das Wichtige für weitere Vorgehensweisen. Oft haben wir in einem Moment das Gefühl, gar nicht zu wissen, wo unsere Angst eigentlich herkommt. Auch hier kann eine intensive Dorn-Therapie Unterstützung leisten. Und versteckte Ängste sichtbar machen.

Auch Blockaden kann man mit dieser Methode aufspüren und körperlich auflösen. Dann sollten wir diese Blockade natürlich auch psychisch auflösen (Meditationen, Hypnose, wie im Verlauf des Buches beschrieben).

Vergiss nicht, dass es sich hierbei um eine ganzheitliche Behandlung handelt, bei der immer Körper, Geist und Seele mit einbezogen werden. Eines davon allein ergibt keinen Sinn; so würde die Angst leider früher oder später wieder zurückkehren.

Die Massage baut zudem Stress ab und führt zur Entspannung der Muskulatur.

6.8 TCM*: Traditionelle Chinesische Medizin

Grundlage:

Die Traditionelle Chinesische Medizin ist hauptsächlich über die Therapieverfahren Akupunktur, Akupressur und Moxa bekannt. Diese Heilkunde wurde vor mehr als 2000 Jahren entwickelt und hat noch einiges mehr zu bieten, wie z. B. Ernährungstherapie,

Kräuterheilkunde, Massagen wie Tuina-Anmo und Bewegungstherapie Qi Gong und Tai Chi.

Das Yin-Yang-Symbol wird damit auch oft in Verbindung gebracht, da es bei TCM-Heilern und -Lehrern oft in Logos verwendet wird.

Das Behandlungssystem basiert auf der asiatischen Philosophie, die davon ausgeht, dass sich unsere Lebensprozesse auf Yin und Yang aufbauen.

Yin: Dunkelheit, Kälte, Ruhe, Nacht
Yang: Licht, Wärme, Aktivität, Tag

Das Yin-Yang-Prinzip findet sich in allen Dingen; allerdings überwiegt häufig eines der beiden. Dies gilt es auszugleichen.

Manifestiert sich eine Yin-Krankheit, zeigt sich dies durch Schwäche, Langsamkeit, Kälte; eine Yang-Krankheit durch Hitze, Stärke, Übertreibung. So erkennt man einen Überschuss, je nach Ausprägung.

Das Zusammenspiel der beiden erhält unsere Lebenskraft der Natur, das Qi.

Bei Angst ist der Nierenmeridian betroffen; durch Stimulation, Druck oder eine Nadel können wir diesen Meridian ausgleichen und somit die Angst mindern. Auch mit ausgewählten Lebensmitteln, natürlich nach der Lehre der Chinesischen Medizin, können wir den Nierenmeridian stärken.

Das QI

Es fließt in unseren zwölf Meridianen. Jeder Meridian ist ein Funktionskreis, verbunden mit einem Organsystem. Auf den Meridianen befinden sich die Akupunkturpunkte, die in der TCM mit Akupunkturnadeln oder Akupressur/Druck auf den Punkt behandelt werden.

Der freie Fluss des Qi in den Meridianen ist Voraussetzung für die Gesundheit von Körper, Seele und Geist.

Wenn unser System (Körper, Geist und Seele) außer Balance gerät, werden wir krank. Zu den krank machenden Faktoren gehören auch physikalische Einflüsse wie Kälte und Feuchtigkeit, falsche Ernährung; auch Verletzungen und Überbelastung können Krankheiten begünstigen.

6.8.1 TCM bei Angst

Emotionen zählen zu den zentralen Ursachen für ein Ungleichgewicht.

In der TCM werden die Emotionen als Bewegung des Qi beschrieben. Durch eine bestimmte innere Dynamik werden 5 Grundemotionen charakterisiert: Angst, Wut, Freude, Sorge, Trauer.

6.8.2 Akupunktur/Akupressur bei Angst

Akupunktur wirkt auf das vegetative Nervensystem ausgleichend und fördert so das seelische Gleichgewicht. Studien zeigen, dass Angstsymptome wie Bluthochdruck oder Schlaflosigkeit somit zurückgehen und viele Patienten mit Angstneurosen völlig auf Psychopharmaka verzichten können.

Es gibt auch *Reiznadelmatten/Akupressurmatten,* die den gleichen Effekt erzielen. Sie stimulieren durch die integrierten Noppen sanft unsere Nerven/Meridianbahnen mit reizenden Impulsen. Das hilft, sich zu entspannen, und sorgt quasi „nebenbei" dafür, dass die Nerven- und Blutzirkulation intensiv aktiviert werden.

Gerade bei Schmerzen im Nacken-, Schulter- und Rückenbereich ist es eine Wohltat, sich auf die Akupressurmatte zu legen. Je nach Stärke der Beschwerden werden 15 bis max. 45 Minuten täglich empfohlen.

Du kannst Deine Fußreflexzonen aber auch im Stehen oder im Sitzen – mithilfe des eigenen Körpergewichts – selbst massieren.

Durch die Stimulierung wird natürlich auch der Nierenmeridian gereizt, der durch die Angst sehr in Mitleidenschaft gezogen wurde.

Auch hier können wir mit Akupressur auf gezielte Meridianpunkte unsere Meridianbahnen und die damit verbundenen Organe harmonisieren und so eine gute Grundlage für ein angstfreies Leben schaffen.

6.8.3 Meridian-Ausgleich, Energie-Blockaden

Energiebahnen, auch Meridiane genannt, sind mit den Blut-, Nerven- oder lymphatischen Bahnen vergleichbar. Das komplexe System der Meridiane verbindet alle Teile des Körpers miteinander, wie ein riesiges Netzwerk. Der reibungslose Energiefluss in diesen Meridianen bewirkt geistige, emotionale und körperliche Gesundheit, um das Gleichgewicht aufrechtzuhalten oder wiederzuerlangen.

Die sanfte Meridianmassage ist eine traditionsreiche, asiatische Behandlungsform, die darauf abzielt, den Energiefluss in den Meridianen zu harmonisieren und auszugleichen. So können wir auch Blockaden lösen, wie z. B. „Die Angst sitzt mir im Nacken" (Schmerzen im 1.–7. Halswirbel); „Ich mach mir in die Hose vor Angst"; unverdaulicher Ärger (Kreuzbein, Steißbein, Ischias) usw.

Der Ausgleich hilft uns im ganzen Körper – von oben bis unten und von innen bis außen –, Verspannungen, Blockaden und Muskelverhärtungen sowie Nervosität und Ängste aufzulösen. Die Meridianmassage fördert den Abbau von Stress und Schlackenstoffen – so sorgen wir dafür, unsere innere Harmonie und Zentriertheit wiederzuerlangen. Diese Massageart erlaubt eine ganzheitliche Tiefenentspannung und aktiviert die Selbstheilungskräfte des Körpers.

7 Kapitel

Hilfsmittel der Natur – Was die Natur für uns bereithält

Um nicht gleich von vornherein auf chemische Medikamente zurückgreifen zu müssen, die dem Körper erheblich schaden, entschied ich mich für die Natur. Im Folgenden möchte ich Dir einige Rezepte, Kräuter und Lebensmittel vorstellen. Das A und O dabei ist, dass wir zur Ruhe kommen, unsere Nerven beruhigen, also Stresshormone abbauen und für eine Steigerung unseres Serotoninspiegels sorgen. Natürlich gibt es auch Kräuter, die sich positiv auf die Produktion von Serotonin, unserem Glückshormon, auswirken und somit wie ein natürliches Antidepressivum wirken. Zudem können wir bewusst etwas für unsere körperliche und geistige Vitalität tun. Hierzu gibt es zahlreiche Kräuterbücher inklusive Rezepten. Um Dir diese mühselige Arbeit zu ersparen, habe ich hier zahlreiche Kräuter sowie ein paar Rezepte aufgeführt.

Siehe hierzu auch den Bericht von Dr. med. Karin Kraft, Deutscher Naturheilbund e. V., den ich hierzu gefunden habe und äußerst lesenswert finde. *Q

7.1 Phytotherapie, Kräuterheilkunde

Nerven beruhigen bei Angst – Panik – Depressionen

Mmh ... da habe ich etwas Leckeres gefunden, was mir sehr guttat. An 3 Tagen der Woche mache ich mir eine „goldene Milch", sie kommt aus der sogenannten Yoga-Küche und ist sehr beliebt. (Das Rezept findest Du am Ende dieses Abschnitts.)

Der Hauptbestandteil der goldenen Milch (Paste) ist Kurkuma. Dieser goldgelben Wurzel sagt man in der ayurvedischen Küche viele wohltuende Eigenschaften nach. Zum Beispiel wirkt diese Pflanze entzündungshemmend, nervenberuhigend und angstmindernd. Weitere Wirkungen sind unten aufgeführt.

Kurkuma sorgt für die Beweglichkeit der Gelenke und baut Kalkablagerungen ab. Sie reinigt die Lunge und die Leber, kurz gesagt: Kurkuma reinigt uns durch und durch (auch die Niere – Angst).

Die goldene Milch wirkt zudem antioxidativ als Schutz gegen zellschädigende freie Radikale.

Rezept für die Paste

- ¼ Tasse Kurkuma
- ein Stück Ingwer (püriert)
- ¾ l Wasser

In einem Kochtopf sieden lassen, bis es zu einer Paste wird. Im Kühlschrank hält sie ca. 3 Wochen.

Rezept für die goldene Milch

- 1 Tasse Milch (alternativ auch Hafer-, Mandel- oder Sojamilch) in einen Topf geben.
- 1 TL der Kurkuma-Paste damit verquirlen und aufwärmen.
- etwas schwarzer Pfeffer (Durch den Wirkstoff im schwarzen Pfeffer kann der Körper Kurkuma viel besser aufnehmen und verstärkt dadurch die Wirkung.)
- 1 TL mildes Öl, z. B. Mandelöl oder Wallnussöl (Dadurch entfaltet Kurkuma seinen Geschmack besser.) Wer es etwas süßer mag kann einen Löffel Honig oder Ahornsirup dazu geben.

Ein Becher goldene Milch als Schlummertrunk beruhigt die Nerven und man kann dadurch besser schlafen.

Was hilft noch für einen ruhigen Schlaf?

Passionsblumentee, Melissentee, Baldriantee
Vollbad, Duftsäckchen, Dillsamen kauen

Ruhe für Körper, Geist und Seele

- Lavendeltee, Kamillentee (beruhigen den Magen)
  Kamille kann andere homöopathische Mittel oder Medikamente beeinflussen, d.h. diese werden durch Kamille abgeschwächt.
- Johanniskrauttee
  Vorsicht bei Sonnenschein! Johanniskraut ist dafür bekannt, dass wenn wir einen Tee trinken und dann in die Sonne gehen, wir Flecken auf der Haut bekommen, daher ist Johanniskrauttee eher für den Winter geeignet.
- Lindenblütenbad
- Basilikumöl

7.2 Adaptogene* Kräuter (zum Angstmindern)

Ginseng (Panax Ginseng)

Ginseng ist definitiv der König der Adaptogene. Besonders der asiatische Ginseng kann Deine Stressresistenz fördern und so die mentale Leistungsfähigkeit verbessern. Seit über 5000 Jahren findet Ginseng Anwendung in der asiatischen Medizin und wird wegen seiner vielfältigen Fähigkeiten besonders aktuell in der

Biohacking-Szene geschätzt. Ginseng hat neben seiner stressabbauenden Wirkung eine lange Liste von nachgewiesenen gesundheitlichen Vorteilen. Da Ginseng als Adaptogen positiv sowohl auf das Dopamin- und Serotonin-System des Körpers als auch auf die Wohlfühlhormone wirkt, verbessert er das Wohlbefinden bei Stress. Er wird daher auch häufig verwendet um Stimmung, Leistungsfähigkeit und einen erholsamen Schlaf zu fördern.

Rosenwurz (Rhodiola rosea)

Rosenwurz ist eines der beliebtesten adaptogenen Kräuter und hat eine ähnliche Wirkungsweise wie Ginseng. Er wird ebenfalls schon seit tausenden von Jahren in der Traditionellen Skandinavischen und Chinesischen Medizin verwendet. Der Rosenwurz zeichnet sich durch seine Fähigkeit aus, das körperliche Gleichgewicht zu erhöhen und so Müdigkeit und Erschöpfung, die durch Stress entstehen, zu verringern.

Das adaptogene Kraut kann darüber hinaus noch mehr bewirken. Rosenwurz nimmt positiven Einfluss auf die Ausschüttung des Stresshormons Cortisol. Eine aktuelle Studie des Swedish Herbal Institutes hat sich mit dem Zusammenhang von Cortisol und Rosenwurz beschäftigt. Dabei konnte herausgefunden werden, dass sich das Adaptogen positiv auf die Stressresistenz auswirkt, indem es die Cortisolausschüttung minimiert. Die Studienteilnehmer, die mit Rosenwurz behandelt wurden, hatten eine geringere Menge des Stresshormons im Blut.

Ashwagandha

Ashwagandha, auch Schlafbeere genannt, ist ein Heilkraut, das auf natürlichem Wege Angstgefühle verringert und den Körper bei der Stressbewältigung unterstützt. In der ayurvedischen Medizin ist es für Vitalität und Leistungsvermögen bekannt.

7.3 Naturreine ätherische Düfte

In meinem Garten habe ich eine wundervolle, rote und für mich sehr gut riechende Rose. Jedes Mal, wenn ich daran vorbeilaufe, zieht sie mich magisch an und ich habe das Verlangen, an ihr zu riechen. Mmmhh ... himmlisch.

Düfte können uns positiv wie auch negativ beeinflussen. Sie steuern unsere Emotionen mehr als uns bewusst ist. Nachdem ich Dir verschiedene Öle vorgestellt habe, werde ich Dir verschiedene Anwendungsmöglichkeiten zeigen. Doch zunächst demonstriere ich Dir, wie wir durch Düfte beeinflusst werden.

Der Weg des Duftes zu unserem Gefühlsleben

Eine Zelle, die beispielsweise auf Vanillegeruch spezialisiert ist, stellt nur Rezeptoren für Vanille her. Werden sie etwa durch den Duft einer Vanilleschote aktiviert, sendet die Zelle elektrische Impulse über ihren Nervenfortsatz in das Riechhirn und von dort weiter in das limbische System – in den Bereich, der für Gefühle und Stimmung zuständig ist –, zum anderen in den Hippocampus, unser Gedächtnis- und Erinnerungszentrum. (Dort sind Erinnerungen mit gewissen Düften verknüpft.)

Auch die anderen Sinnesempfindungen wie Sehen und Hören treffen hier ein, jedoch mit dem Unterschied, dass sie meist vorher den Thalamus passiert haben – das Tor zum Bewusstsein. Riechen ist also eine Sinneswahrnehmung, die unmittelbar auf unser Gefühlsleben wirken kann.

Beispiel:

Sie haben einen Freund, der in einer Werkstatt arbeitet. Sie hatten eine große Auseinandersetzung (Erinnerung, Ereignis).
Sie sind enttäuscht und hätten so ein Verhalten von ihm nie erwartet – verärgert, Groll, Wut (Gefühl).
Er hatte immer einen Werkstattgeruch an sich nach Ölen, Schmiermittel, usw. (Geruch).
An den 3 obenstehenden Punkten des Beispiels siehst du, wie wir Erinnerungen/Ereignisse mit Gefühlen und Düften verbinden können.
Aber was soll das nun heißen?
Wenn Du nun zukünftig eine ähnliche Situation wie in diesem Beispiel, einen ähnlichen Duft von Öl oder Schmiermittel wahrnimmst, Dir dadurch schlecht wird oder Du Dich einfach nur unwohl fühlst, kommt es von diesem Ereignis.
Das ist ein Zeichen für Dich, dass Du diese Auseinandersetzung noch nicht verarbeitet hast.
Auch Angst und Panik können durch einen Duft entstehen!

<u>Bei Angst helfen diese dafür bekannten ätherischen Öle:</u>

Neroli

ist für mich der Ferrari unter den Ölen, die gegen Angst und Depressionen wirken, meine absolute Nummer eins, wobei ich betonen möchte, dass ich diese Wirkung „bei mir" bestätigen kann.

Es wird aus den Blüten der Bitterorange gewonnen; dieses Öl hat einen ausgleichenden Effekt auf unsere Stimmungslage, so wirkt es bei einer depressiven Grundstimmung aufmunternd, bei übermäßiger Anspannung und Nervosität beruhigend. Seine anregende Wirkung hilft gegen Antriebslosigkeit, sodass ängstliche Menschen dank seines angstlösenden Effekts besser durch den Alltag kommen.

Dem Öl wird auch nachgesagt, dass es uns helfen kann, Schockzustände zu überwinden. Dies wurde jedoch noch nicht wissenschaftlich bestätigt. Hier liegen noch keine bekannten Nebenwirkungen vor.

Melisse

Der Melisse wird nachgesagt, dass sie bei nervösen Magen-Darm-Beschwerden, nervös bedingten Einschlafstörungen, nervösen Herzbeschwerden, Unruhe, Kopfschmerzen und depressiven Verstimmungen wirkt.

Des Weiteren zeigt Melisse eine positive Wirkung bei:
- Herpes (antiviral)
- Magenschleimhautentzündung (entzündungshemmend)
- Magen und Darm (beruhigend und verdauungsanregend)
- unreiner Haut (durchblutungsfördernd und entzündungshemmend, dadurch regeneriert sich die Haut schneller und wirkt jünger)
- Menstruationsbeschwerden (entkrampfend)
- steigert den Speichelfluss

Ylang-Ylang

bringt uns wahrhaftig wieder in Balance:
Ylang-Ylang wirkt ausgleichend bei intensiven Gefühlen wie Lustlosigkeit, Wut, Unsicherheit, Hass, Eifersucht und Angst; auf hormoneller Ebene wird z.B. die Ausschüttung von Serotonin gesteigert, wodurch Ylang-Ylang eine antidepressive Wirkung hat.
Wenn mehr Serotonin ausgeschüttet wird,
nehmen Nervosität und innere Unruhe ab;
wird eine entspannende Wirkung erzielt;
werden Ängste genommen;
wird eine beruhigende Wirkung erzielt;

wird das Einschlafen erleichtert;
wird eine aufheiternde Wirkung erzielt.

Des Weiteren wirkt Ylang-Ylang:
krampflösend, blutdrucksenkend, feuchtigkeitsausgleichend, trockene Hautbereiche werden besser durchfeuchtet, spasmolytisch, antidiabetisch, gegen Frigidität und Impotenz, euphorisierend, schmerzlindernd.

Benzoe-Siam-Öl
(ursprünglich ein Harz, u. a. zum Räuchern):

- ist stimmungsaufhellend
- regt die Glückshormonproduktion an
- entspannt
- beruhigt die Nerven
- wirkt harmonisierend

Des Weiteren: antibakteriell, beruhigend, krampflösend, schleimlösend, gegen Husten und Asthma, menstruationsfördernd, gegen Hautprobleme und Hautentzündungen.

Lavendel (Lavandula angustifolia)

dürfte vielen aufgrund seiner beruhigenden Wirkung bekannt sein, aber wusstet ihr schon, dass Lavendel auch die Grundstimmung beruhigt und ablenkende Gedanken nach und nach still werden lässt?

Weitere Wirkungen: entzündungshemmend, fiebersenkend, krampflösend, schleimlösend, antibakteriell, schmerzlindernd.

Patschuli

ist beruhigend, mindert innere Unruhe, wirkt regenerierend, aphrodisierend, fiebersenkend, antiseptisch, adstringierend (zusammenziehend), harntreibend, antimykotisch, antibakteriell, hautpflegend, straffend, mildert Falten, spendet Feuchtigkeit, unterstützt die Wundheilung, vertreibt Insekten und Motten.

Rose

Seit der Antike wird bereits nach diesem herrlichen Duft gejagt. Eigenschaften:
- wirkt antidepressiv/harmonisierend auf die Psyche
- harmonisierend
- entspannend bei Schlafstörungen
- anregend
- stimuliert die Synapsen/euphorische Stimmung
- antiseptisch
- lindert Schmerzen, Verspannungen, Krämpfe

Zirbenöl

Zirbenöl wird traditionell vielfältig angewandt, weil es nicht nur das Wohlbefinden steigert, sondern auch die Gesundheit fördert.

Folgende Wirkungen können bei der Verwendung beobachtet werden:
- sorgt für einen ruhigen Schlaf und lindert Stress
- nimmt Ängste und wirkt antidepressiv
- wirkt stimmungsaufhellend und stärkend (auf Körper und Geist)
- steigert die Konzentrationsfähigkeit

Des Weiteren werden dem Öl folgende Eigenschaften nachgesagt:
- steigert die Durchblutung und reinigt die Atemluft
- lindert Erkältungskrankheiten, Lungenerkrankungen, Grippe und Bronchitis
- weckt die Lebensgeister
- wirkt entgiftend und belebend
- wirkt in einem Massageöl Muskelkater und Muskelverspannungen entgegen (durch die Steigerung der Durchblutung)
- vertreibt Hausstaubmilben
- vertieft die Atmung
- wirkt blutreinigend, schleimlösend, entzündungshemmend
- lindert Neuralgien (Nervenschmerzen) u. a. m.

Anwendungsvarianten

Mit Ölen können wir ganz einfach Salben und Cremes herstellen, die bei Angst und/oder Panik hilfreich sein können. Die Wirkstoffe ziehen über die Haut in den Körper ein und können dort ihre Arbeit tun.

Die Rezeptur ist sehr einfach: eine Creme nehmen, die mit Mandelöl oder Jojobaöl angereichert wurde – so können wir sichergehen, dass sich das ausgewählte Öl auch mit der Creme verbindet. Gib maximal drei Öle à fünf Tropfen auf etwa 200 ml Creme.

Dass ätherische Öle und ihre spezifischen Gerüche nicht nur auf die Physis, sondern auch auf die Psyche wirken, davon sind auch neuzeitliche Aromatherapeuten überzeugt. Im täglichen Leben erfreut sich heute vor allem die angenehme Beduftung von Räumen großer Beliebtheit, etwa durch Duftlampen oder Sprays.

7.4 Globuli gegen Angst *Q

Die häufigste „Arzneiform" in der Homöopathie sind Globuli. Die kleinen weißen Kügelchen, bestehend aus Stärke, Mehl und Rohrzucker, sind wahre Helfer. Wie viel von dem Wirkstoff in den Globuli enthalten ist, wird mit „D" oder „C" angezeigt. Doch die Heilkraft der Kügelchen-Medizin ist heftig umstritten. Denn obwohl ihre Wirkung wissenschaftlich nicht bewiesen ist, können tausende homöopathische Ärzte in Deutschland von Heilerfolgen ihrer Patienten berichten. Nun gut, so ist es bei allem, was hilft und aus der Natur kommt. Da gibt es nur eines: dass wir uns selbst von ihrer Wirkung überzeugen; so wie wenn wir Kamillentee trinken und wir spüren, dass es gut für den Magen ist, oder Pfefferminztee bei Erkältung. Damit Du sichergehen kannst, die richtigen Globuli zu nehmen, vor allem auch mit der richtigen Dosierung, ist der Weg zu einem Heilpraktiker unumgänglich.

Im Folgenden möchte ich ein konkretes Beispiel anführen, welches die angsthemmende Wirkung von Globuli bestätigt: Schon 4 von 10 Frühverrentungen hierzulande haben seelische Ursachen. „Durch die Anforderungen in Beruf und Familie nimmt das Thema deutlich zu", bestätigt Dr. Markus Wiesenauer, Allgemeinmediziner und Homöopath aus Kernen. Er vertraut bei vielen seiner Patienten auf die sanfte Heilweise: „Globuli kann man gut bei seelischen Beschwerden einsetzen, denn sie wirken auf den ganzen Menschen – auf Körper, Geist und Psyche", sagt er. „Wer allerdings über Wochen oder gar Monate niedergeschlagen ist und das Gefühl hat, nicht mehr aus dem Tief herauszukommen, sollte einen Arzt aufsuchen", rät Dr. Wiesenauer. „Seelische Beschwerden sind keine Lappalie, sondern eine Erkrankung, die genauso behandelt werden muss wie ein Magengeschwür!" Zur Dosierung: Erwachsene nehmen von den **homöopathischen Mitteln 3 Mal täglich 5 Globuli gegen die Angststörungen, von den D12-Mitteln 2 Mal täglich 5 Globuli.** Falls man mehrere nehmen muss, sollte man 20 Minuten dazwischen warten.

Angst und Unruhe können unsere ständigen Begleiter sein. Wenn der Druck zu groß wird und der Körper mit erhöhtem Harndrang und/oder Durchfall reagiert, hilft Argentum nitricum D12.

Wenn Du innerlich unruhig bist und alles schwarz siehst, viel und hektisch redest und zu Kopfschmerzen neigst, hilft Cimicifuga D12.

Wenn Du ein sehr sensibler, mitfühlender Mensch bist und Ungerechtigkeiten nicht erträgst, hilft Causticum D12.

Wilder Jasmin (Gelsemium sempervirens)

Du leidest immer wieder unter Kopfschmerzen oder gar **Migräne,** hast dumpfe, pulsierende Schmerzen und bist **so müde,** dass Du die Augen kaum offen halten kannst? Dann empfehlen Homöopathen den wilden Jasmin.

Brechnuss (Nux vomica)

Die Brechnuss hilft vor allem, wenn Alkohol, deftiges Essen oder Stress auf Magen und Darm schlagen. Typische Beschwerden sind **Sodbrennen, Übelkeit, Bauchweh.** Betroffene frieren und sind überempfindlich auf alle Sinnesreize.

Küchenschelle (Puls Atilla)

Die Küchenschelle ist das meistgekaufte Homöopathikum für die Frau. Das Globuli-Kügelchen gilt als sanfter Hormonregler und wirkt vor allem Stimmungsschwankungen und **Unregelmäßigkeiten der Monatsblutung** entgegen.

Ignatiusbohne

Die Ignatiusbohne wirkt ausgleichend auf die Psyche. **Dieses homöopathische Mittel hat sich besonders bei depressiven Verstimmungen, Kummer, Sorgen und Schlafstörungen bewährt.** Typische Auslöser der Beschwerden sind Trennung und Verlust.

Schüßler-Salze nach Ursache: *Q

Nächtliche Angst (insbesondere bei Kindern): Schüßler-Salz Nr. 14 – Kalium bromatum D6
Platzangst (Klaustrophobie): Schüßler-Salz Nr. 5 – Kalium phosphoricum D6
Angst mit Herzklopfen, Zittern und Aufregung: Schüßler-Salz Nr. 7 – Magnesium phosphoricum D6

Homöopathikum gegen Depressionen und Angst:
Hier stelle ich Euch ein paar homöopathische Mittel zur Selbstbehandlung nach Symptomen vor:

Stimmungsschwankungen, Kummer und Traurigkeit, rasch wechselnde Stimmungen, Lach- und Weinkrämpfe: Ignatia D12

Niedergeschlagenheit, euphorische Stimmung, Unruhe, Angst, Sorgen: Cimicifuga D12

Lange bestehende Depressionen, Helfer wird nicht angenommen: Natrium chloratum D12

Überempfindlichkeit und Depressionen, Selbstmitleid, Bedürfnis nach Zuwendung: Pulsatilla D12

Gefühle des Versagens und der Wertlosigkeit, Reizbarkeit: Aurum D12

Depressionen mit Angst und Gereiztheit, besonders bei Menschen mit Hang zum Perfektionismus: Nux Vomica D12

Schwäche, Konzentrationsstörungen, Gefühl, dass alles sinnlos sei: Acidum phosphoricum D6

Schwere Depressionen nach Schicksalsschlägen: Veratrum album D3

Depressionen mit Zukunftsangst und Gefühl von Einsamkeit: Lycopodium D6

8 Kapitel

Therapie-Möglichkeiten

Wissenswertes

Dieser Weg führt über die „Neuprogrammierung" des Gehirns. Wie ich bei meinen Recherchen herausfand, stützen sich die unterschiedlichen Ansätze alle auf eine gemeinsame Methode: Die Veränderung des Denkens bewirkt eine neuronale Neuvernetzung im Gehirn; damit lassen sich „erlernte" Ängste überschreiben.

Auf diesem Ansatz aufbauend, habe ich die „Bernhardt-Methode" gefunden, die sich genau diesen Mechanismus zunutze macht: Die konsequente Übung mit der 10-Satz-Methode stößt diesen Umbauprozess an; Angst- und Panikattacken schwächen sich schon bald spürbar ab – und verschwinden in vielen Fällen nach einigen Wochen ganz.

Möglichkeiten der Psychotherapie

Diesen Part halte ich bewusst kurz, da ich von dieser Behandlungsmethode weder überzeugt bin noch waren sie für den Erfolg in <u>meiner Angstgeschichte verantwortlich</u>; eher gegenteilig, aber das ist meine persönliche Meinung. Im nächsten Kapitel erfahrt ihr, wer mein Hauptbegleiter in meiner Angstgeschichte war, im positiven Sinne! Das war mein Weg aus der Angst.

Finde ganz klar DEINEN Weg. Gerne kann ich Dich auch hierbei unterstützen. Meine Kontaktdaten findest Du am Anfang und am Ende des Buches.

Dynamische Psychotherapie

Die dynamische Psychotherapie geht vom Alltagserleben des Klienten aus. Unbewusste seelische Vorgänge können zusammen mit einschneidenden Ereignissen auf den Klienten einwirken und zu Fehlentwicklungen führen. So ist der Alltag das Hauptthema in dieser Therapie. Schwerpunkte sind das Erleben des Klienten, seine Lebensgestaltung, sein Selbstwertgefühl und seine Beziehungen/sein soziales Umfeld. Grundannahmen/Glaubenssätze, die auf einer gestörten Verarbeitung von Kindheitserlebnissen beruhen, können z. B. sein: „Keiner liebt mich" oder „Ich komme allein zurecht" oder „Das schaffe ich nie".

Kognitive Verhaltenstherapie

Mit der Verhaltenstherapie lassen sich vor allem in bestimmten Situationen oder in Bezug auf Gegenstände, z. B. Schlangen, Spinnen, Orte, schnelle Erfolge erzielen.

Der Patient wird vom Therapeuten Schritt für Schritt an die Angst herangeführt und muss lernen, seine Angst zu kontrollieren und auszuhalten.

Tiefenpsychologisch fundierte Psychotherapie

Bei der Tiefenpsychologie geht es darum, dass wir an tiefe seelische Konflikte herangeführt werden, um sie dann bearbeiten und somit auflösen zu können.

Welches dieser Verfahren angewendet wird, muss mit Deinem behandelnden Arzt/Neurologen/Psychologen besprochen werden. Am Anfang kann man Medikamente zur Unterstützung wählen. Die Medikamente sollten jedoch nur zur Unterstützung eingesetzt werden, nicht auf Dauer. Ich bin nicht davon überzeugt, dass sie mir geholfen hätten, aber jeder Mensch ist anders.

Viele der bereits vorgestellten Methoden (siehe vorhergehende Kapitel) finden auch in der Psychotherapie Anklang – egal ob es sich dabei um Phytotherapie, Akupunktur oder Mentales Training (Situation kontrollieren können, Glaubenssätze loslassen) handelt. Oft gibt man dem jeweils einfach einen „wissenschaftlich" klingenden Namen, damit es nicht einen Touch der Spiritualität hat, und das war's.

9 Kapitel

Engel – Energiearbeit bei Ängsten

Zunächst einmal möchte ich Dir verschiedene Erzengel vorstellen: welche Aufgaben jeder einzelne hat und in welcher Farbe sie strahlen bzw. welche Aura sie umgibt. Es ist so ähnlich wie bei uns: Jeder hat sein spezielles Fachgebiet (Arzt, Buchhalter, Lehrer usw.).

Die Erzengel sind die Boten zwischen Menschen und Gott, höhere Mächte, das Universum, Kosmos, Gott ... wie auch immer Du sie nennen möchtest. Formuliere Deine Wünsche und Anliegen so klar und unmissverständlich wie möglich. Achte darauf, dass die Erfüllung Deines Wunsches keinem anderen schadet, also dass Dein Wunsch nicht auf Gier, Neid, Eifersucht etc. basiert. Wünsche Dir zum Beispiel nicht den Job eines Kollegen, sondern bitte um einen Job, der Dich erfüllt und Dir Spaß macht und in dem Du Dich wohlfühlst. Du wirst etwas Passendes bekommen – besser als alles, was Du dir je hättest vorstellen können. Mach Dir ein klares Bild davon, wie Dein Wunsch erfüllt oder ein Problem werden kann (Visualisierung, meditativ oder Hypnose). Du solltest ein geistiges Äquivalent haben, nach dem Du strebst, das heißt eine genau Vorstellung, bis ins kleinste Detail. Denn wie sollen die Engel Dir etwas erfüllen können, wenn Du selbst nicht genau weißt, was Du willst? Am Ende dieses Kapitels folgt eine einfache Übung hierzu.

Erzengel Michael – Saphierblau

Er befreit die Mutter Erde (Gaya) und ihre Bewohner von der Angst. Wenn Du Dich in einer Krise oder in einer verwirrenden

Lebenssituation befindest, kommt er Dir zu Hilfe, wenn Du ihn anrufst. Dann verhilft er Dir wieder zu einem klaren Verstand. Mit seinem Schwert schneidet er Schnüre von Verstrickungen, Schwüren, Gelübden etc. durch. Er schenkt uns Mut und gibt uns Sicherheit, wenn es uns daran mangelt. Auch in technischen Angelegenheiten ist er uns gern behilflich, beispielsweise wenn der Computer mal spinnt.

Erzengel Raphael – Smaragdgrün

Der Erzengel Raphael ist der segensreiche Heiler, ein weit gereister Pilger und Schutzpatron – u. a. der Feuerwehr.

Seine Aufgabe ist es, uns bei allem zu helfen, was mit Heilung zu tun hat. Deswegen arbeiten viele Heiler und Lichtarbeiter mit ihm. Wir können ihn auch um eine harmonische Reise bitten.

Erzengel Chamuel – Rosa

Der Erzengel der Liebe. Er steht für Leichtigkeit, Verständnis, Inspiration und hilft uns dabei, wichtige Sachen oder auch Teile unseres Lebensglücks wiederzufinden. Wende Dich an Chamuel, um eine neue Liebe, einen neuen Job oder einen verloren geglaubten Gegenstand wiederzufinden. Wenn Du Deinen Gegenstand wiedergefunden hast, hilft er Dir, diesen zu behalten und Dich weiterzuentwickeln. Auch beim Aufklären von Missverständnissen hilft er Dir, in persönlichen wie auch in unpersönlichen Angelegenheiten.

Erzengel Metatron – tiefes Magenta, goldenes Rosa

Er wird auch der Engel der Gegenwart genannt. Als der jüngste und größte der Erzengel ist er einer von zwei, die auf der Erde inkarniert waren (Prophet Enoch). Er ist der Engel für Kinder, sowohl im Hier und Jetzt wie auch im Jenseits. Er hilft Deinen Kindern (Indigokinder, Kristallkinder), dass sie ihre Gaben nicht verlieren und im Alltag – im Kindergarten, in der Schule – zurechtkommen. Zudem hilft er uns, klare Gedanken zu fassen, nimmt uns Ängste, schenkt uns Weisheit sowie inneren Frieden und sorgt für Transformation im Innen und Außen.

Erzengel Raguel – Blassblau

Raguel ist der Engel der Gerechtigkeit und Fairness. Wenn es mal wieder ungerecht auf dieser Welt zugeht, dann hilft uns dieser wundervolle Engel – ganz gleich, ob es sich um zwischenmenschliche Beziehungen, Instabilität in unserem eigenen Inneren oder um einen Anwaltsfall handelt. Auch wenn Du das Gefühl hast, überwältigt worden zu sein oder manipuliert zu werden, wird er Dir beistehen.

Erzengel Gabriel – Weiß

In Renaissancegemälden wird Gabriel als ein weiblicher Engel dargestellt. In der Literatur findet man ihn jedoch mit maskulinen Pronomen.

Er hilft z. B. Schriftstellern, Journalisten und Lehrern. Du kannst Dich an ihn wenden, um Deine angstbedingten Aufschiebe-Tendenzen zu überwinden, sowie mit allem, was mit Kommunikation oder Empfängnis (Adoption, Schwangerschaft und frühere Kindheit) zu tun hat.

Erzengel Jophiel – Goldgelb

Er ist der Engel der Künstler und hilft uns, das Schöne in der Welt zu erkennen. Er wird auch als der „Feng-Shui-Engel" bezeichnet. Er hilft uns dabei, all die angesammelten Dinge, die wir nicht mehr brauchen, aus unserem Leben zu entfernen. Das betrifft ebenso Menschen, Situationen und Erfahrungen, die uns nicht guttun.

Erzengel Zadkiel – Violett

Er lehrt uns, dass wir uns selbst vergeben müssen, um uns frei zu fühlen. Wir alle haben unsere Schattenseiten und brauchen uns derer nicht zu schämen, wenn wir bemüht sind, diese ins Umgekehrte zu transformieren. Auf Gottes Vergebung brauchen wir dabei nicht zu warten, denn Gott vergibt nicht. Er vergibt nicht, weil er erst gar nicht verurteilt. In diesem Wissen schenkt Erzengel Zadkiel uns Ermutigung, uns selbst aus unserer Schuld zu entlassen. Diese Gnade können wir in Dankbarkeit nutzen und auf unserem weiteren Weg beweisen, dass wir dieser würdig sind.

Erzengel Sandalphon – Türkis, Gold

Er ist der zweite inkarnierte Erzengel (Prophet Elia). Er ist der Engel der Musik und er hört unser Gebet und unsere Bitten. Er hilft uns wie Erzengel Michael, nur auf musikalische Art und Weise, Angst und ihre Auswirkungen zu transformieren. Lege Deine Lieblings-CD auf und bitte ihn, jegliche Verwirrungen zu klären.

Erzengel Uriel – Gelb

Er sendet Licht über eine uns irritierende Situation, die Deine Fähigkeit zur Problemlösung illuminiert. Wende Dich an Uriel, wann immer Du in einer schwierigen Situation bist und klar denken und Antworten finden möchtest. Zudem hilft er allen, wie z. B. Schülern, Studenten, Intellektuellen und sämtlichen Lernenden, die Unterstützung benötigen.

Erzengel Haniel – bläuliches Weiß

Dieser Erzengel möchte uns mit Anmut und ihrer Wirkung bereichern (Fröhlichkeit, Heiterkeit, innerlicher Frieden, Gelassenheit, Freude an der Gesellschaft, Schönheit und Harmonie).

Rufe ihn zum Beispiel vor einer Präsentation an, wenn Du auf die „Bühne" gehst oder wenn Du ein Vorstellungsgespräch oder ein erstes Rendezvous hast – überall da, wo Du Stärke und Selbstbewusstsein benötigst. Der Erzengel Haniel hilft uns auch über Liebeskummer hinweg.

Erzengel Jeremiel – Violett

Der Erzengel Jeremiel ist unser aller Trostspender, Inspirator und Motivator, der uns ermutigt, unserer Spiritualität Ausdruck zu verleihen. Rufe ihn an, wenn Du Dich spirituell oder geistig „festgefahren" fühlst. Er tröstet uns und transformiert emotionale Probleme. Er ist auch bei einer Vergebung wunderbar hilfreich, wenn wir Schwierigkeiten damit haben, einem Menschen zu verzeihen.

Erzengel Ariel – Blassrosa

Der Erzengel Ariel ist der Erzengel der Erde und der Tiere. Rufe ihn, wenn Du mehr Kontakt mit der Natur und den dazugehörigen Wesen herstellen möchtest oder wenn Du Hilfe dabei benötigst, wie Du einem verletzten Tier helfen kannst, oder wenn

Du wissen möchtest, welchen Beitrag Du für unsere Umwelt leisten kannst.

Erzengel Azrael – gebrochenes Weiß

Der Erzengel Azrael wird auch der Engel des Todes genannt. Dies ist nicht negativ aufzufassen, weil er Menschen zum Zeitpunkt ihres Todes aufsucht und die Verstorbenen ins Jenseits hinüberbegleitet. Dieser Erzengel gibt Dir das Gefühl, Dich geliebt zu fühlen, und er strahlt Dir gegenüber Wohlwollen aus.
Auch hilft Azrael Predigern aller Religionen und spirituellen Lehrern.

Aufgrund ihrer gleichklingenden Namen wird *Azrael* immer wieder mit dem gefallenen Engel *Azazael* verwechselt. Doch ihre Persönlichkeiten und Energien könnten nicht unterschiedlicher sein. Unser Erzengel Azrael ist ein lichtvolles, reines und vertrauenswürdiges Wesen.

Erzengel Raziel – Regenbogen

Wenn Du herausfinden möchtest, was Träume zu bedeuten haben, oder wenn Du Hilfe bei der Bedeutung spiritueller Fragestellungen benötigst, dann rufe Raziel an. Er unterstützt uns auch bei Manifestationen, Affirmationen und Suggestionen, wie wir die richtigen Worte finden können, die wir gerade in diesem Moment brauchen. Er hilft uns bei der Heilung von schmerzhaften Erinnerungen oder bei der Auflösung von Eiden, Gelübden oder Schwüren, die wir in früheren Leben oder an einem früheren Zeitpunkt unseres Lebens abgegeben haben und die uns jetzt belasten und Ängste in uns auslösen.

Grundregeln beim Kontakt mit Engeln und lichtvollen Wesen

Schutz bei einer Meditation ist wichtig.
Ich bitte Erzengel Michael darum.
Rede mit den Engeln wie Du mit jedem anderen auch reden würdest. Wir brauchen uns auch nicht zu sorgen, dass wir ihnen ihre Zeit stehlen könnten oder dass sie lieber zu jemandem gehen sollten, der eher ihre Hilfe benötigt. Für die Engel zählen Raum und Zeit nicht und so können sie für viele Menschen gleichzeitig da sein.

Nach einer Meditation bedanke ich mich bei den Engeln und den Lichtwesen, die mich bei meinem Vorhaben unterstützt haben.

Wie machen sich Engel bemerkbar?

In unseren Träumen

Lichter: Funkelnde oder blitzende Lichter. Es sieht aus wie Energiefunken, die sich durch unser Blickfeld bewegen. Es ist eine energetische Reibung, wenn Dein Blickfeld darauf trainiert ist. Energiewellen wahrnehmen können wir nicht, außer man ist hellsichtig, dann sehen wir sie oft sogar in Engelsgestalt.

Farbige Nebel: Wenn Du einen grünen, violetten, blauen usw. Nebel siehst, kann das ein Anzeichen sein, dass sich einer der Engel in Deiner Nähe befindet.

Wolkenbilder sind eine weitere Möglichkeit, um Aufmerksamkeit zu generieren.

Zeichen wie eine weiße Feder, ein plötzlicher angenehmer Duft in der Nase, obwohl sich keine duftende Blume in der Nähe befindet, deuten auf ihre Anwesenheit hin.

Visionen, mentale Videos sehen, die Informationen über einen Menschen oder eine Situation beinhalten, können auch ein Zeichen ihrer Anwesenheit sein.

Die 7 kosmischen Gesetze wirken immer und für jedermann. Das Gesetz der Spiegelung, Anziehung und Resonanz ist mir in meinem Leben bisher am offensichtlichsten aufgefallen.

Gesetz der Resonanz

Eine weitere wichtige Gesetzmäßigkeit im Leben ist das Gesetz der Resonanz.
„Gleiches zieht Gleiches an."
„Wie im Inneren, so im Außen." – Nur ein Sprichwort?
Resonanz = Echo, Nachhall, Nachklang, Mitschwingen, Zurückschwingen.

Alles, was im Universum über Schwingungen miteinander verbunden ist, kommuniziert. Wenn andere Menschen, Dinge oder Ereignisse mit unserer erzeugten Frequenz in Resonanz gehen, kannst Du Dich dem Schwingungsfeld, das wir in uns erzeugen, nicht entziehen. Sie müssen und werden darauf reagieren. Alles, was mit uns resoniert, wird unweigerlich in unser Leben gezogen. Die neuesten wissenschaftlichen Erkenntnisse belegen, dass wir durch unsere Gedanken, unsere Gefühle und unsere Überzeugungen zu vielem in der Lage sind. Besonders unsere emotional gespeicherten Überzeugungen sind es, die ein Resonanzfeld aufbauen.

Welches Resonanzfeld bauen wir zurzeit auf?

Alles, was wir in unserer Innenwelt wahrnehmen, z. B. Gefühle wie Angst, Wut, chaotisch sein usw., wird uns auch in der äußeren Welt begegnen. Denn die äußere Welt spiegelt immer nur unser inneres Bewusstsein wider.

Umgekehrt trifft dies genauso zu. Alles, was wir in unserem Äußeren wahrnehmen, können wir in unserem Inneren erkennen.

„Wie innen, so außen – wie außen, so innen!"

Erst wenn wir unser Bewusstsein gezielt ausrichten, können wir in Resonanz mit den Dingen treten, die wir gerne in unserem Leben realisiert haben möchten.

Wenn das, was in unser Leben kommen soll, beginnen soll, dann sollten wir unsere Gedanken, Gefühle und Überzeugungen beobachten und reflektieren. Denn alles, was wir denken oder fühlen, ruft ein Resonanzfeld hervor.

Wenn wir uns z. B. mit dem Mangel beschäftigen, ständig daran denken, was uns fehlt, dann erschaffen wir zwangsläufig das Resonanzfeld von Mangel und ziehen diesen Mangel auch an. Beschäftigen wir uns aber mit der Fülle, bauen wir das Resonanzfeld der Fülle auf und Fülle kommt in unser Leben.

So ist es auch mit der Angst. Wenn wir immer und immer wieder an sie denken, was werden wir dann wohl anziehen? – Ja, richtig, die Angst. Deshalb sollten wir uns mit den positiven Glaubenssätzen der Angst auseinandersetzen. So lösen wir die Angst auf und ziehen das Positive in unser Leben.

Durch unsere Gedanken, Gefühle und Überzeugungen werden wir genau das anziehen und in unserem Leben wiederfinden, was wir denken, fühlen und wovon wir überzeugt sind.

Sobald wir uns mit neuen, gewünschten Überzeugungen beschäftigen, werden wir alte, unerwünschte Muster verdrängen.

Wir ziehen das in unser Leben, was wir wollen, was wir uns wirklich wünschen.

Das Gesetz der Spiegelung

Das Gesetz der Spiegelung besagt, dass alles, was Du im Außen siehst und erlebst, die Widerspiegelung Deiner bewussten und unbewussten Gedanken und Emotionen sowie Deines Verhaltens ist.

So wie ein herkömmlicher Spiegel Dein äußeres Erscheinungsbild widerspiegelt, so reflektiert Deine äußere Welt in jedem Moment Deines Lebens Dein inneres Sein mit all Deinen tiefsten inneren Überzeugungen. Wenn Du an dem „Ergebnis" etwas verändern willst, dann putzt Du ja auch nicht Deinen Spiegel, sondern Du musst an DIR etwas verändern.

Wenn Du das Gesetz der Spiegelung verstehst und anwenden kannst, erlangst Du in hohem Maße Selbsterkenntnis. Diese Erkenntnis ist wichtig, denn sie kann und wird alles in Deinem Leben verändern. Wenn uns etwas an einem anderen Menschen oder an einer Situation in unserem Leben nicht gefällt, dann möchten wir, dass der andere sich verändert oder dass die Situation sich ändert. In der Hoffnung, dass wenn sich der andere verändert, es uns auch gut geht, erkennen wir oft eines nicht: Alles, was uns in unserem Äußeren begegnet, haben wir selbst erschaffen. Nichts und niemand begegnet uns ohne Grund. Daher liegt es an uns, uns selbst zu verändern.

Was hat das mit Dir zu tun? Warum begegnen Dir immer wieder diese Situationen, Lebensumstände und Menschen in Deinem Leben?

Alles hat seinen Grund und seinen Sinn. Doch dies erkennen wir oft nicht oder erst viel später. Uns „triggern" (hier gemeint wie anstacheln und Erinnerung wie bei den Düften) manche nahestehenden Menschen an, wir regen uns über die immer wiederkehrende, gleiche Situation in unserem Leben auf. Immer und immer wieder. Bis wir erkennen: Nicht diese oder jene Person ist es, die einen „Knopf" bei mir drückt, sondern die Art, der Charakter dieser Person. Warum ist das so?

Entweder erkennen wir, dass wir ähnlich sind, oder wir verabscheuen genau diese Art von Mensch. Wenn Du jemanden z.B. als egoistisch bezeichnest, dann reflektiert er Dein eigenes Ego. Menschen spiegeln Dich, damit Du Dich selbst erkennen kannst.

Oder wir erkennen, dass wir gerne so wären. Oft spüren wir die Spiegelung auch, wenn wir jemanden bewundern. Oder wir erkennen, dass dieser Anteil in uns nicht oder kaum vorzufinden ist.

Herauszufinden, warum ein bestimmter Mensch oder bestimmte Verhaltensweisen unseres Gegenübers uns dermaßen „triggern" und beschäftigen, ist äußerst spannend und führt uns aus unserer Opferrolle heraus.

Wenn wir in einen Spiegel schauen und etwas an uns verändern möchten, putzen wir dann den Spiegel oder verändern wir etwas an uns selbst?

Übung 6 und 7

Analysiere Dein eigenes Leben. Was trifft bezüglich des Gesetzes der Resonanz und des Gesetzes der Spiegelung auf Dich zu?

Schreibe die Antworten hierauf in Dein Arbeitsbuch.

Als Übung 8 kannst Du aufschreiben, welche körperlichen Symptome Du in der folgenden Übung bei Dir beobachten kannst. Verwende hierzu wiederum Dein Arbeitsbuch.

Angst im Körper lokalisieren

Mittlerweile hast Du Dich selbst gut kennengelernt. Du hast Dich mit mehreren Techniken und Meditationen vertraut gemacht. Um genau zu sehen, worin die Angst besteht und wo sie sich befindet, habe ich für Dich eine schöne Meditation vorbereitet.

Versuche nun, die Angst zu lokalisieren.

Sich erden: Stelle Dir eine Lichtsäule im Kosmos vor. So verbindest Du Dich mit dem Universum.

Setze Dich in ein goldenes Ei.

Bitte Erzengel Michael zu Dir, damit er Dich beschütze.

Richte, so gut es Dir möglich ist, Deine Aufmerksamkeit auf Deinen Atem. Atme 3 Mal langsam tief ein, kurz die Luft anhalten und wieder ausatmen.

Wenn sich Körper und Geist beruhigt haben, dann richte Deine Aufmerksamkeit auf Deinen Körper.

„Durchfühle" nun – wie bei einem Body Scan – Deinen Körper. *Was nehme ich jetzt in diesem Augenblick am deutlichsten wahr?*

- Kribbeln?
- Pochen?
- Ziehen?
- Stechen?
- Druck?
- Verspannung?
- Entspannung?
- Wärme?
- Kälte?

Bleibe etwa 10 Sekunden bei dieser Empfindung. Erfühle, was Du empfindest, und stelle Dir dann genau das Gegenteil davon vor; gehe dabei von Empfindung zu Empfindung, z. B.:
- Kälte – Wärme
- Pulsieren – Ruhe
- Anspannung – Entspannung
- Stechen – Spüre, wie Du das Schwert oder den Dolch usw. entfernst.
- Ziehen – drückende Gedanken; lege die Hand auf die entsprechende Stelle.

Lenke Deine Aufmerksamkeit auf jede Deiner Empfindungen und lasse dann die Angst, die dort haftet, los.

Bedanke Dich bei Erzengel Michael.

Wenn Du damit fertig bist, lasse es noch einen Moment nachwirken und kehre dann wieder in Deinen Alltag zurück.

Engel-Meditation

Erde dich.
Stelle eine Verbindung nach oben ins Universum her.
Lichtsäule/goldenes Ei: Ich sage mir: „Ich bin geschützt in meinem goldenen Ei." Die Außenseite wirkt wie ein Spiegel, sodass alles Negative in Liebe an den Absender zurücktransformiert wird.

3 Mal tief einatmen, kurz anhalten und dann wieder langsam ausatmen.

Wenn Du merkst, dass Dein Geist und Dein Körper ruhig geworden sind, dann richte bitte Deine Aufmerksamkeit auf Deinen Körper.

Dazu rufen wir die Erzengel Michael, Chamuel und Raphael zu unserer Unterstützung an.

Durch die vorige Meditation wissen wir bereits, wo unsere Angst sitzt.

Bitte den Erzengel Michael darum, dass er Dich von diesen Schatten befreit und jegliche Verbindungsschnüre abtrennt. Stelle Dir mental-bildlich vor, wie er vor Dir steht und es tut. Wie alles in eine Schale mit goldenem Licht fließt und dabei transformiert wird.

Bitte nun den Erzengel Raphael, dass er den entstandenen Leerraum mit Heil-Energie auffüllt. Er schickt über seine Hände einen smaragdgrünen Strahl zu dieser leeren Stelle.

Lasse dies ein paar Minuten auf Dich wirken.

Nun bitte den Erzengel Chamuel noch, dass er Dich auf allen Deinen Ebenen mit Liebe erfüllt. Er hüllt Dich in einen rosafarbenen Nebel – atme diesen ein, so kann sich seine Wirkung innen und außen entfalten.

Bedanke Dich bei den Engeln für ihre wertvolle Unterstützung.

Wenn Du damit fertig bist, verweile noch etwas in dieser Schwingung und kehre dann wieder in Deinen Alltag zurück.

10 Kapitel

Sport und Angst

10.1 Sport und Angst

Ja, Sport ist gut für unseren Körper. Insbesondere wenn wir gestresst sind, Angst und Panik haben oder auch wenn wir depressiv sind, sollten wir uns so viel wie möglich bewegen, am besten durch regelmäßigen Sport. Da Sport gut ist für unseren Serotoninhaushalt, also für unsere Glückshormone, kann er laut wissenschaftlichen Studien Antidepressiva ersetzen.

Als bekennender Sportmuffel reichte mir dieses Argument jedoch nicht aus.

10.2 Die psychischen Vorteile von Sport

Aufgrund unseres leistungsorientierten Lebensstils werden wir immer anfälliger für körperliche Beschwerden. Je belasteter wir sind, umso mehr steigt die Anfälligkeit für Herz-Kreislauf-Erkrankungen, Diabetes, Krebs, Magen-Darm-Beschwerden und vieles mehr. Dies kann sich auch auf die Psyche auswirken. Leider ist das vielen Menschen nicht bewusst.

Bei unseren 10-Stunden Jobs, wo das Sitzen das neue Rauchen ist, bewegen wir uns auch nicht wirklich. Beim Sport verbrennen wir Energie, die sonst schon nach kurzer Zeit auf unseren Hüften landen würde.

Sport hilft auch der Lunge. Dadurch, dass wir beim Sport in erhöhtem Maß Sauerstoff aufnehmen, verbessert sich unser Atmungssystem. So erhöht sich unsere Lungenkapazität und unsere Atemfrequenz verringert sich.

10.3 Wie wirkt sich Sport auf Angst aus?

Nicht jeder findet im Alltagsstress die Zeit oder hat die Nerven, sich sportlich zu betätigen. Und nicht jeder, der sich wegen Burn-out, Depressionen oder Angst- und Panikattacken in einer Behandlung befindet, will Medikamente einnehmen. Antidepressiva abzusetzen erfordert enorm viel Kraft. Daher gehen Sporttherapie und Psychotherapie Hand in Hand. In Kliniken stehen sie auf der Tagesordnung.

Doch selbst bei denen, die noch keine völlige Überforderung verspüren, kann Sport nachweislich Wunder wirken, denn Sport verringert die Ausschüttung von Stresshormonen wie Cortisol und Noradrenalin.

Dass Stress krank macht, wissen wir alle: Die Lebenserwartung psychisch erkrankter Menschen liegt im Schnitt um bis zu 20 Jahre niedriger als die eines gesunden Menschen. Doch warum ist das so?

Klar ist, dass durch Sport Endorphine, also Glückshormone, ausgeschüttet werden. Die Medizinerin Bente Pedersen stellte fest, dass Muskeln bei Bewegung sogenannte Myokine, heilende Botenstoffe, ausschütten. Sie gelten heute als die alleinige Ursache, weshalb Sport bei und gegen Krankheiten wirkt.

10.4 Sport mindert Angst- und Panikattacken

Mittlerweile ist auch erwiesen, dass ein körpereigener Angst-Hemmer, nämlich das Peptid ANP, durch Sport ausgeschüttet wird. So zeigte eine niederländische Studie aus dem Jahr 2011, dass nur 60 Minuten Sport in der Woche die Gefahr verringern, an Depressionen, Angst- und Panikstörungen oder Suchtkrankheiten zu erkranken. Zudem genesen wir viel schneller, wenn wir aktiv Sport treiben.

Auch auf die Selbstwirksamkeit und Gefühle wie Minderwertigkeit, Hilflosigkeit, Wehrlosigkeit und Traurigkeit hat Sport eine gegenteilige Wirkung: Wer es schafft, sich aufzuraffen, fühlt sich handlungsfähiger. Das Gefühl, sich klein, wertlos und wie ein Opfer zu fühlen, verringert sich durch Sport. Damit stärkt Sport sogar das Selbstvertrauen und Selbstbewusstsein und fördert die psychische Widerstandsfähigkeit.

Durch Sport halten wir auch Krisen und belastende Umstände besser aus. Durch das, was wir im Sport leisten, weiß unser bewusster Verstand, dass wir längere Anstrengungen gefahrlos ertragen können; indirekt ist das auch ein mentales Training. Durch regelmäßigen Sport bringen wir unserem „Geist" bei, dass er mehr Ausdauer und Kraft hat als er denkt.

10.5 Sport gegen Grübeln

Sport wirkt überdies als „Medizin" gegen Gedankenspiralen. In der Zeit, in der wir uns sportlich betätigen, ist einfach kein Platz für unsere Gedanken, Sorgen, Ängste und angstbesetzten Probleme. Man kann den Stress, die lästigen Gedanken, sozusagen

„wegsporteln". In einer Gruppe machte mir das sogar richtig Spaß und ich merkte gar nicht, dass ich Sport machte.

Selbst in Bewegung zu grübeln ist immer noch besser als sich mit seinen Gedanken zu Hause zu verkriechen. Denn während man über ein Problem oder über eine angsterregende Herausforderung nachdenkt, wird im gleichen Moment Stress abgebaut, sodass der Stresspegel sinkt.

Welche Sportarten helfen nun gegen Angst, Panik und Depressionen?

Joggen oder kurze Strampel- und Boxeinheiten können bei Angst und Panik Wunder wirken, denn sie bauen die Anspannung ab. So vermindert man weiche Knie, dumpfe Gefühle in den Gliedmaßen, den Kloß im Hals, Ohnmachtsgefühle, Herzrasen, Atembeschwerden, Empfindlichkeit gegen helles Licht und laute Geräusche, Herz-Kreislauf-Beschwerden bei Hitze und vieles mehr …

Menschen mit Depressionen und Phobien, die mit Panikattacken verbunden sind, treiben wenig Sport. Leider führt das dazu, dass bei solchen Personen bereits kleine Sporteinheiten oder Anstrengungen den Körper überfordern. Sich mehr abzuhärten, indem man Schritt für Schritt – siehe dazu den letzten Abschnitt – die eigene Fitness wiederaufbaut, hilft auch gegen die Symptome Hypochondrie, Herzneurosen oder die Angst vor der Angst.

Ausdauersportarten wie zum Beispiel Joggen, Radfahren, Schwimmen, Walken sollen vor allem bei Phobien, Angstzuständen, Panikattacken und Depressionen helfen.

Speziell bei Depressionen fand eine norwegische Studie heraus, dass insbesondere asiatischer Kampfsport hilft, wie zum Beispiel Karate, Jiu Jitsu, Judo, Kendō, Sumō, Tai Chi u. v. m.

Ahnst Du schon, was Dir Freude bereitet oder was Dich begeistert? Bist Du eher der Typ für Ball-, Kraft- oder Teamsport? (Mir persönlich fällt es in der Regel in einer Gruppe am leichtesten, Sport zu treiben.) Kampfsport eignet sich sehr gut für Personen, die viel Wut-Energie besitzen, z. B. Boxen, Kampfsport allgemein (Selbstvertrauen wird aufgebaut) oder Squash. So können Aggressionen und überschüssige negative Energien „rausgelassen" werden.

Es ist nicht so wichtig, welche Sportart wir wählen. Es sollte einfach etwas sein, was uns Spaß macht und somit unsere Motivation stärkt; Sport sollte keinesfalls als „Zwang" empfunden werden. Für den Anfang bietet es sich natürlich an, dass man nicht ganz so anstrengende Sportarten ausprobiert, am besten solche, die zur Förderung der inneren Mitte beitragen, beispielsweise Yoga (besonders Yin Yoga), Qi Gong oder Walken. Den Level der Intensität kann und soll man kontinuierlich steigern, je nachdem wie fit man sich fühlt, auch wenn sich mit der Zeit die Bedürfnisse ändern werden. Wichtig ist aber, dass wir den ersten Schritt machen und unseren inneren Schweinehund überwinden und damit ANFANGEN!

Schlusswort

Ich weiß gar nicht, was ich sagen soll. Ich bin überwältigt, welche Freude ich hatte, für Euch dieses Buch zu schreiben.

Ja, es ist kein leichtes Thema. Dennoch gab und gebe ich mir auch weiterhin große Mühe, diese Thematik für Euch verständlich darzulegen. Dazu habe ich mein erarbeitetes Konzept der letzten 3 Jahre angewandt und mich von der Angst befreit. So veränderte sich mein Leben ins Positive.

Jetzt, im Jahr 2019, nachdem ich dieses Kapitel „Angst" fast zu Ende geschrieben habe, wurde ich hierhergeführt, damit ich dies aufschreibe, um anderen damit zu helfen.

Lustigerweise kam genau JETZT das Lied von LENA mit „Thank you" heraus. Wow, wie das mal wieder passt! Acht Jahre schwere Depressionen, Agoraphobie und Angststörung habe ich hinter mir. Mittlerweile stehe ich wieder auf „festem Boden", auch wenn mich gelegentlich noch Angstattacken überrennen. Im Verhältnis zu früher sind es jetzt aber nur noch 5–10 % – das ist ein ganz anderes Ausmaß als jenes, welches ich in den ersten 1–5 Jahren erlebt und durchgemacht habe. Damals stand ich wahrscheinlich am selben Punkt wie ihr in diesem Moment. Man möchte etwas tun um die Angst zu mindern und aufzulösen, aber man weiß einfach nicht, wie und wo man damit beginnen soll. Das machte mich echt verrückt.

Ich durfte so viel lernen, liebe Menschen kennenlernen und Erfahrungen sammeln, für die ich so dankbar bin. Auch mit meinem „Kurs gegen die Angst" konnte ich schon vielen Menschen helfen. Hier eine E-Mail von einer Klientin, die mich zu Tränen gerührt hat:

Christine B. aus dem Fichtelgebirge
Hallo, ich möchte den vielen Angstpatienten Mut machen, denn ich hatte wirklich das große Glück, auf Anraten einer Freundin wegen meiner Ängste und Panikattacken mit Frau Kindseder Kontakt aufzunehmen.

Dies war der größte Glücksgriff für mich, um Schritt für Schritt mittels ihrer Kurse aus der jahrelang aufgebauten Angstspirale herauszufinden.

Ich habe angefangen, mit ihr Telefoncoaching zu machen, dadurch wurde ich sofort wieder sicherer, hatte plötzlich wieder mehr Selbstwertgefühl und Selbstliebe, vor allem aber Zutrauen, und das war alles ihr alleiniger Verdienst.

Ihre angenehme, vertrauensvolle Stimme und ihre Kompetenz sowie ihr fachliches Wissen haben mir von Anfang an neuen Lebensmut gegeben.

Vor allem ihre nur auf mich zugeschnittenen Meditationen und Affirmationen, welche wir zusammen erarbeitet haben, ebneten mir den Weg, um jetzt ein wieder völlig neues und angstfreies Leben genießen zu können.

Sie geht auf die speziellen Ängste ihrer Klienten ein und genau darauf ausgerichtet wird ihr Coaching-Programm für jeden Einzelnen speziell erarbeitet und genau dieses hat mich so weit nach vorn gebracht.

Step by step haben wir jedes Kapitel behandelt und jedes Mal konnte ich neue Erfolge erzielen und diese dann auch festigen.

Durch sie habe ich die Ängste Stück für Stück abgebaut. Heute habe ich keine Panikattacken mehr beim Autofahren und wenn ich allein spazieren gehe, und man glaubt es kaum, aber ich bin ohne Angst vor drei Wochen in den Flieger gestiegen – dank Frau Kindseder.

Über jeden kleinen und auch großen Erfolg, den ich während des gesamten Coachings erzielt habe, freute sie sich mit mir und dabei waren ihre herzliche und innige Art wahrer Balsam für meine Seele.

Nur ihr allein habe ich es zu verdanken, jetzt wieder ein angstfreier und glücklicher Mensch zu sein, und deshalb kann ich nur jedem Angstpatienten dringend empfehlen, sich an Frau Kindseder zu wenden, sich ihr anzuvertrauen und an ihrem umfangreichen Angebot an Kursen und Coachings teilzunehmen, damit auch ihr wieder ein völlig angstfreies und glückliches Leben führen könnt, so wie ich.

Als ich diese Zeilen las war ich wirklich sehr gerührt. Dies wäre alles nicht möglich gewesen, wenn ich mich noch länger gegen meine Angst gestellt hätte. Ich habe sie **akzeptiert** und Hand in Hand mit ihr zusammengearbeitet. Aber Vorsicht, die Arbeit mit der Angst hat viele Nebenwirkungen! ☺

Man lernt wieder zu lachen.
Man kann seinen positiven Gefühlen wieder Ausdruck verleihen.
Man lernt sich besser kennen – auf emotionaler, geistiger und körperlicher Ebene.
Mit der Zeit sieht man die Welt wieder aus einem komplett anderen Blickwinkel.
Man lernt auch, sich über wundervolle Kleinigkeiten zu freuen.
Ich bin wieder ich! Ich bin nicht mehr fremdbestimmt. Ich habe die Macht über mein Leben zurückbekommen und gestalte es mit voller Lebenslust neu.
Ich lernte, meiner Intuition zu folgen und auch auf meine himmlischen Helfer zu hören.
Man kommt wieder in seine Kraft (körperlich als auch geistig).
Im Nachhinein betrachtet scheint es mir eine überragende Leistung zu sein, die man hier erbringt, worauf man wiederum wirklich sehr stolz sein kann.

In der Tat sind das die schönsten Nebenwirkungen, die ich mir vorstellen kann. ☺

Dieses Buch ist das Resultat meiner 7-jährigen Auseinandersetzung mit meiner Angst aus 10 Jahren Angstgeschichte. „Ups and

Downs" MEINER Angstspirale. Nein, an diesem Buch habe ich keine 7 Jahre lang geschrieben, aber die darin enthaltenen Kenntnisse reichen viele Jahre zurück. Es bedurfte einer längeren Vorlaufzeit, um die in diesem Buch enthaltenen Erfahrungen niederzuschreiben, und vor allem auch dem Mut, öffentlich über solche persönlichen Dinge reden zu können.

Ich wünsche mir von ganzem Herzen, dass jeder Mensch seinen eigenen Weg findet, um aus seiner Angsthaltung wieder herauszukommen, und in ein neues Leben voller Glück starten kann!!!!!

Ja, ganz natürlich einfach wieder SEIN – so wie man wahrhaftig ist, allerdings als Version 2.0, denn das alte Ich wird mit mehr Erfahrungshintergrund neu programmiert.

Benötigt ihr dabei noch Hilfe oder tut ihr Euch schwer beim Finden von Glaubenssätzen und beim Durchführen von Meditationen?

Weitere Themenschwerpunkte bei der Behandlung von Angststörungen sind:
- **Wie und warum Musik uns helfen kann.**
- **Welche Funktion spielt hier die Selbstliebe und was hat das Selbstwertgefühl mit Angst zu tun? (Hierzu schreibe ich auch ein weiteres Buch.)**

Ich finde dieses Thema so wichtig, eben in Zusammenhang mit der Angst.

Für Nachfragen und Hinweise stehe ich Dir gerne zur Verfügung. Weitere Anregungen und Texte dazu findest Du auch auf meiner Homepage.
   Feedback bzw. Rückmeldungen und Tipps bezüglich dieses Buches kannst Du mir gern über meine Website oder einfach per E-Mail zukommen lassen.

YouTube-Kanal:
CK Coaching
https://www.youtube.com/channel/UCGqMgTo-IJ68Rh9VPfp3ZCxQ

Homepage:
kindsederacademy.de
Angst Kurs:
http://kindsederacademy.de/kurse/kurs-gegen-die-angst/

Coaching:
http://kindsederacademy.de/coaching/

Hier noch ein wichtiger Hinweis:
Das Lesen dieses Buches kann Dir nicht den Besuch beim Arzt ersparen. Mein Buch ist ein Leitfaden, dem Du gerne folgen darfst. Jedoch musst Du zuerst die Symptomatik beim Arzt Deines Vertrauens abklären.

Auch gebe ich keine Heilungsversprechen ab. Ich bitte Dich, bei ernsthaften oder unklaren Beschwerden einen Arzt aufzusuchen.

Und zu guter Letzt: Jeder Mensch ist ein Individuum und reagiert anders. Das heißt logischerweise, dass jeder auf verschiedene Übungen anders reagiert und möglicherweise nicht jede Übung für jeden hilfreich ist.

Wie einleitend in diesem Buch bereits erwähnt wurde, ist Angst ein Teil unseres Lebens. Wie ich meine Angst überwunden habe, das habe ich Dir auf den vorhergehenden Seiten zur Selbsthilfe mitgegeben. Ich habe Dir hier meine persönlichen Erfahrungen als auch die meiner Mitleidenden dokumentiert. Diese Fallbeispiele sind sorgfältig ausgewählt, da wir immer auch die Perspektive aus einem anderen Blickwinkel heraus benötigen, einen Perspektivenwechsel, um sich selbst oder eine dritte Person besser verstehen zu können. Wie heißt es so schön? „Man sieht den Wald vor lauter Bäumen nicht mehr."

Liste mit positiven Affirmationen:
Ich kann mich auf mich verlassen.
Ich lasse die Vergangenheit los.
Ich bin der Ausdruck vollkommener Freiheit.
Ich habe es verdient, ein gutes Leben zu haben.
Ich bin eine Bereicherung für die gesamte Schöpfung.
Ich akzeptiere mich so wie ich bin.
Das Universum nährt und trägt mich zu jeder Zeit.
Ich bin erwünscht.
Ich liebe mein Leben.
Ich nehme meine Welt an so wie sie ist.
Ich nehme mich selbst an.
Ich bin der Herr meines Lebens.
Ich erschaffe mein Leben.
Mein Leben ist ein voller Genuss.
Ich liebe und achte alles in mir.
Ich verdaue alles mit Leichtigkeit.
Es ist immer genug für mich da.
Ich habe Mut und fühle mich beschützt.
Die Gegenwart erfüllt mich in jedem Augenblick.
Ich nehme jetzt die universelle Fülle an.
Ich bin vollkommen so wie ich bin.
Ich wähle nur Gedanken der Liebe und Freude.
Meine einzigartigen und kreativen Fähigkeiten und Talente durchströmen mich.
Es besteht großes Verlangen nach meinen Fähigkeiten und Talenten.
Ich kann mir aussuchen was ich will.
Meine Arbeit ist ein Genuss und erfüllt mich.
Ich verdiene viel Geld, während ich das mache, was mir gefällt.
Ich erhalte jeden Tag neue Möglichkeiten.
Ich bin erfolgreich, was immer ich auch tue.
Ich werde täglich in jeder Hinsicht besser und besser.
Ich mache mir selbst eine angenehme Entspannung zum Geschenk.
Ich weiß, was für mich am besten ist.
Mein Herz zeigt mir immer den nächsten Schritt.

Ich bin ein liebender, mitfühlender Heiler.

Mir wurden Begabung, Kreativität, Talent, Freunde, Familie und eine Menge Kraft gegeben, weil ich all dies für mein Lebenswerk benötige.

Ich bin des Weges, den ich eingeschlagen habe, würdig.

Ich kann keine Fehler machen, weil mich alles, was ich tue, etwas Neues lehrt.

Mir steht Raum zum Atmen und Wachsen zur Verfügung.

Ich brauche andere Menschen, damit sie mir helfen, wenn ich wieder stolpere.

Ich bin von Natur aus in Ordnung, weil ich gut bin.

Ich bin davon überzeugt, dass sich alles verwirklicht woran mein Unterbewusstsein glaubt.

Das Leben begeistert mich und erfüllt mich mit neuer Energie.

Das Leben wird immer für mich sorgen.

Das Licht Gottes scheint in mir.

Das Universum gibt mir volle Unterstützung.

Es ist gut für mich zu leben.

Es ist gut, dass ich am Leben und voll Freude bin.

Es ist gut, die/der zu sein, die/der ich bin.

Es ist mein Recht, voll, ganz und frei zu leben.

Es ist wunderbar, eine Frau/ein Mann zu sein.

Das Leben fließt in Freude durch mich.

Ich nehme mich in Liebe an.

Ich bin ein Quell der Fülle.

Ich segne meine Welt.

Die Welt segnet mich.

Ich bin ein Segen für die Welt.

Mein Denken und Handeln hat Einfluss.

Ich bin Freude, Kraft und Glück.

Jede Zelle meines Körpers ist mit Leben erfüllt.

Ich bin der vollkommene Ausdruck der Liebe.

Liebe und Weisheit sind in mir vereint.

Mein Herz ist frei und unbelastet.

Freudig springe ich voran, um die wunderbaren Erfahrungen des Lebens willkommen zu heißen.

Für alles, was ich brauche, ist immer gesorgt.
Für alles, was ich tun will, sind Zeit und Raum vorhanden.
Gott liebt mich und sorgt für mich.
Gottes Friede erfüllt meine Seele.
Gottes Strom des Friedens durchdringt mein ganzes Wesen.
Gottes Strom der Liebe, der Freude und des Friedens durchfließt mich jetzt und immerdar.
Göttlicher Friede und Harmonie umgeben und erfüllen mich.
Gutes ist für mich überall, und ich bin sicher und geborgen.
Ich akzeptiere mich, und meine Entscheidungen sind immer richtig für mich.
Ich baue auf die göttliche Weisheit und die Führung, die mich jederzeit schützen.
Ich baue mir jetzt eine sichere, neue Zukunft auf.
Ich begebe mich gerne in den Fluss neuer Erfahrungen, Richtungen und Veränderungen.
Ich betrachte das Leben als ewig und freudvoll.
Ich beschließe, mich zu lieben und Freude zu genießen.
Ich betrachte mich und was ich tue mit Augen der Liebe.
Ich bin die schöpferische Kraft in meiner Welt.
Ich bin eine Oase des Friedens, der Liebe und der Freude.
Meine innere Ruhe hilft mir, die für mich wichtigen Ziele meines Lebens zu erkennen.
Ich spüre, wann es richtig ist, zu handeln, und wann es richtig ist, zu warten.
Ich erkenne klar, was ich wirklich brauche und will.
Ich erledige immer eine Sache nach der anderen.
Ich konzentriere mich auf meine Aufgaben und entdecke dabei meine Begeisterung für meine Ziele.

Glossar

Antimykotisch
Ein Antimykotikum ist eine antimikrobielle Substanz, die gegen durch Pilze verursachte Erkrankungen wirkt. Wikipedia

Adstringierend
Ein Adstringens, auch als Styptikum bezeichnet, ist ein Mittel, das beim Auftreffen auf Haut oder Schleimhaut durch Eiweißfällung austrocknend, blutstillend und entzündungshemmend wirkt und zur Verdichtung des kolloiden Gefüges führt. Wikipedia

Adaptogene
Adaptogene sind Pflanzen mit harmonisierender Wirkung auf dein Körpergleichgewicht, die Homöostase. Chronischer Stress kann die Homöostase aus dem Gleichgewicht bringen und uns krank machen, wie auch aus der TCM bekannt.

Autogenes Training
Mit autogenem Training ist die Entspannung und nicht das Training selbst gemeint. Training steht hier für Entspannung, also eine autogene Entspannung, in der Bedeutung von einer von innen heraus erzeugten Entspannung. Dies steht im Gegensatz zu einer von außen erwirkten Entspannung.

Entgegen der Grundidee von Johannes Heinrich Schultz, dem Entwickler dieser Methode, wird die Entspannung am Anfang (in der Übungsphase) von außen durch einen Trainer bewirkt – und nicht, wie es eigentlich die ursprüngliche Intention des Erfinders war, dass nämlich die Entspannung von innen heraus zu kommen habe. Dennoch besteht das Ziel darin, die Entspannung von innen heraus, ohne Mitwirkung eines Trainers oder eines Tonträgers, zu erlangen.

Das autogene Training gliedert sich in 3 Stufen:
1. Grundstufe: Techniken für das vegetative Nervensystem
2. Mittelstufe: Regulierung und Funktion der Organe
3. Oberstufe: Das autogene Training greift bis ins Unterbewusstsein, wie z. B. Verhaltensveränderungen.

Dorn-Therapie und Breuß-Massage

Dorn: Das sind die Wirbelfortsätze, also die seitlichen „Dornen" am Wirbel. Diese Massage erfand Dieter Dorn in seinem Zuhause, daher die Namensgebung.

Breuß: Die Breuß-Massage ist ein energetischer Ausgleich. Diese Massage erfand Rudolf Breuß, daher die Namensgebung.

Homöostase: Gleichgewicht des Körpers, Regulierung, um ausgeglichen zu werden.

Partiell: teilweise, anteilig, nur einen Teil erfassend.

Phytotherapie/Naturheilkunde: Unter der Pflanzenheilkunde versteht man die Vorbeugung und Behandlung von Krankheiten durch Pflanzen, Pflanzenteile und deren Zubereitungen.

TCM – Traditionelle Chinesische Medizin: Als TCM bezeichnet man die Heilkunde. Sie entstand im Laufe der Geschichte. Die TCM beinhaltet verschiedenste Diagnose- und Therapieformen.

Quellen

Cover: *canva.com*
Statistik: *gbe-bund.de*

Ahnenvererbung:
https://www.scientificamerican.com/article/descendants-of-holocaust-survivors-have-altered-stress-hormones/

Globuli, Schüßler-Salze:
https://krank.de/hausmittel/hausmittel-gegen-angst/#-1

Öle/Duftöle:
https://oelerini.com/#-1

Bericht Heilpflanzen: natürliche Angstlöser und Depressionen von Frau Dr. med. Karin Kraft: http://link.springer.com/article/10.1007/s00103-013-1690-9-1

TCM:
http://www.karinwallnoefer.com/blog/2013/06/25/die-angst-in-der-tcm/

Bilder:
pixabay.com, eigene Bilder

Literatur:
- Hausmittel: Die sanfte Heilkraft der Natur, Verlag Garant.
- Homöopathie für Körper, Geist und Seele, Verlag Garant.
- Auf welche Weise können Bewegung und Sport günstige psychische Effekte erzielen?
- https://www.dr-mueck.de/HM_Depression/Sport-bei-Depression-und-Angst-6-Wirkungsmechanismen.htm
- Wikipedia.org

Deine Angstgeschichte

Die Autorin

Christine Kindseder wurde 1986 in München geboren. Nach abgeschlossener Lehre 2002 machte sie 2007 diverse Ausbildungen im Gesundheitsbereich. 2009 folgte die Massage-Therapeutin. Seit 2017 arbeitet sie als Gesundheitsberaterin und Massage-Praktikerin und seit 2018 widmet sie sich dem Coaching.

Die Autorin hilft Klienten dabei, ihre Ängste zu besiegen und Probleme aus einer anderen Sichtweise zu sehen, um sie so einfacher und effektiver lösen zu können.

Schon bevor sie sich selbstständig machte waren Angst und Selbstliebe ein großes Thema, v. a. aufgrund ihrer langjährigen Depressionen und Angststörungen. Sie lernte Energiearbeit und beschäftigt sich umfassend mit Engelsarbeit.

In ihrer Freizeit besucht Christine Kindseder gerne Seminare, malt, liest und geht spazieren.

Doch das Wichtigste in ihrem Leben ist die Zusammenarbeit mit Menschen, dem Universum und die wundervollen energetischen Kräfte, die von allem und jedem wirken.

Der Verlag

novum — VERLAG FÜR NEUAUTOREN

„ *Wer aufhört besser zu werden, hat aufgehört gut zu sein!*

Basierend auf diesem Motto ist es dem novum Verlag ein Anliegen neue Manuskripte aufzuspüren, zu veröffentlichen und deren Autoren langfristig zu fördern. Mittlerweile gilt der 1997 gegründete und mehrfach prämierte Verlag als Spezialist für Neuautoren in Deutschland, Österreich und der Schweiz.

Für jedes neue Manuskript wird innerhalb weniger Wochen eine kostenfreie, unverbindliche Lektorats-Prüfung erstellt.

Weitere Informationen zum Verlag und seinen Büchern finden Sie im Internet unter:

www.novumverlag.com

Bewerten Sie dieses Buch auf unserer Homepage!

www.novumverlag.com